ro
ro
ro

HATICE SCHMIDT

mit Antje Röttgers

DEIN LEBEN IST KEIN ZUFALL

MEIN WEG ZU MIR

Rowohlt Taschenbuch Verlag

Zum Schutz ihrer Identität wurden die Namen der
handelnden Personen teilweise pseudonymisiert.

Originalausgabe
Veröffentlicht im Rowohlt Taschenbuch Verlag,
Hamburg, Oktober 2019
Copyright © 2019 by Rowohlt Verlag GmbH, Hamburg
Redaktion Martina Schwarz
Covergestaltung zero-media.net, München
Coverabbildung Dennis Dirksen
Satz aus der Arno Pro bei
Pinkuin Satz und Datentechnik, Berlin
Druck und Bindung CPI books GmbH, Leck, Germany
ISBN 978-3-499-63456-7

Inhalt

Vorwort   9

Almanya – eine weite Reise   11

Groß werden, klein bleiben – meine Kindheit zwischen Lankwitz und Neukölln   21

Erinnerungsgebirge   21
Ein Kind, das kein Kind sein soll   25
Hilflos   27
Auf nach Wolkenkuckucksheim   31
Mila und Midori   33
Ein Haus aus Normen und Regeln   36
Korkma, sönmez bu şafaklarda yüzen al sancak   38
Lernen, lernen, lernen   41
Neunmal Glück, bitte schön   44

Von null auf hundert – meine Jugend in Neukölln   47

Back to the roots   47
Neukölln   51
Der Brief   53

In freier Wildbahn 55

R. E. S. P. E. C. T. 58

Neukölln, meine Perle 61

Teenager-Liebe 66

Die Worte, die die Welt bedeuten 71

Ärger im Paradies 74

Neue Welt 76

Zeit der Träume 81

Es anpacken 84

Meine Heimat Neukölln 90

Auf zu neuen Ufern – zwischen Klinikalltag und New York City 93

Abheben 93

Auf dem Boden der Tatsachen 95

3700 Gramm Glück 98

Im Kreißsaal 101

Die Macht der Bilder 103

Mein Kopf – meine Entscheidung 107

Die seltsamen Auswüchse der deutschen Sprache 110

Girls just wanna have fun 112

Neue Wege 115

Praxisblock 119

Music was my first love 122

Geschafft! 127

Über den Tellerrand 129

Auf den Brettern, die die Welt bedeuten 131

Neue Horizonte 135

Kopf hoch, Brust raus – Aufbruch zu mir 139

Schlussstrich 139
Freiheit 141
Ein für alle Mal 143
Aufstehen 145
Klinikalltag 147
Das Fest der Liebe 151
Online-Dating 156
Eine geheimnisvolle Box 159
Das erste Date 162
Traumhochzeit 164
Drei Umzugskartons 172

Wachstumsschmerzen – von Berlin nach Bielefeld 175

Die Stadt, die es nicht gibt 175
Die perfekte Hausfrau 177
In der Fremde 179
Prêt-à-porter 182
Ready-to-wear 185
Little Women 188

Ankommen – wie ich durch YouTube mein Leben veränderte 193

Major Tom to Ground Control 193
Back on track 197
Auf der Fashion Week 199

Sich aufbauen 203

Sag es! 208

Wo Licht ist ... 212

Girlboss 216

Von der Kunst, Erfolge zu feiern 218

#teamhatineverstops 224

Etwas zurückgeben 227

Wenn der Körper dir sagt, was die Seele braucht 230

Neue Träume 236

Dank 239

Vorwort

Das Wichtigste gleich vorweg: Das hier ist kein Buch über Make-up. Ihr werdet nichts über den besten Bronzer oder die ideale Handhaltung für den perfekten Lidstrich erfahren. Stattdessen werde ich euch etwas über mich erzählen – mich, Hatice, Frau, Tochter, Schwester, Tante, Ehefrau, YouTuberin und Unternehmerin.

In den vielen Jahren, die ich jetzt schon auf YouTube unterwegs bin, haben mir eine Menge Menschen geschrieben – von ihren Nöten, ihrem Kummer und auch von ihren Träumen –, und sie haben mich um Rat gefragt. Zwar sende ich den Schreibenden oft Kraft oder aufmunternde Worte, aber Antworten auf ihre Fragen verkneife ich mir, denn wer bin ich schon, dass ich jemandem Ratschläge erteilen könnte, dessen Lebensumstände ich nicht kenne? Leo Tolstoi hat mal geschrieben, dass alle glücklichen Familien einander gleichen, jede unglückliche Familie aber auf ihre eigene Weise unglücklich ist, und ich denke, dass darin viel Wahrheit steckt. Ich möchte dieses Buch deshalb all jenen widmen, die zu wissen glauben, was es mit diesem Satz auf sich hat, und wünsche ihnen von Herzen, dass ihre Wunden heilen mögen. Wir alle haben unser Päckchen zu tragen, das weiß ich nur zu gut, und vielleicht wird das Päckchen ein bisschen leichter, wenn wir unsere Geschichten miteinander teilen. Auf den folgenden

Seiten findet ihr deshalb meine Geschichte. Antworten auf die großen Fragen des Lebens werdet ihr vergeblich suchen, denn die habe ich auch nicht parat. Ich kann nur ein bisschen von dem erzählen, was ich durchgemacht habe, woran ich gewachsen bin, was mich gestärkt und inspiriert hat, und das ist es dann auch schon. Statt der großen Antworten erwarten euch also die Ansichten einer jungen Frau, die nicht genug bekommen kann von diesem seltsamen Leben.

Almanya – eine weite Reise

Meine Geschichte beginnt mit einem Jungen, der nach einem langen Tag auf den Feldern müde nach Hause läuft. Er fröstelt, kickt ein paar Steine durch den Staub und freut sich darauf, bald ins Warme zu kommen. Die Dämmerung setzt früh ein in dem Tal mitten im Pontusgebirge. Und ist die Sonne einmal hinter den Bergkämmen verschwunden, wird es schnell stockfinster.

Der Junge beeilt sich, die Schotterpiste hinter sich zu lassen und den steilen Pfad zu erreichen, der hinauf ins Dorf führt zu der einfachen Hütte aus Holz und Lehm. Im Halbdunkel kommt ihm ein Mann entgegen. Es ist sein Onkel. Auf dem Arm trägt er den kleinen Bruder des Jungen, Mustafa, noch ein Baby, an der Hand hält er den Mittleren, Durmus, spindeldürr wie sie alle, und der zieht die kleine Schwester hinter sich her, Ermine. «Du brauchst nicht mehr nach Hause gehen, Mehmet», ruft ihm der Onkel zu und winkt ihm, umzukehren. «Wir fahren nach Almanya.» Der Junge bleibt stehen. Wo soll das sein, fragt er sich. Er denkt an die Tiere, die zu Hause auf ihn warten, denkt daran, dass sie Futter brauchen, fragt sich, wer sich um sie kümmern soll, wenn er nach Almanya fährt. Aber da drückt ihm der Onkel schon den kleinen Bruder in die Arme, schultert das Bündel mit Proviant, dreht ihn um und schiebt ihn vor sich her. «Komm, Mehmet, wir müssen uns beeilen. Nach Almanya, zu deiner Mutter.» Der Junge sieht seinen Bruder an, der stumm zurückschaut. Schritt für Schritt entfernen sie sich von dem kleinen Dorf, das sich in eine Mulde am Steilhang duckt, von den Häusern, hinter deren Fenstern ein Feuer oder eine Kerze brennt, und der Junge weiß nicht, wie ihm geschieht, er weiß nur, dass die Tiere, die ins Haus gesperrt sind, rausgelassen werden müssen.

Sie laufen die ganze Nacht, bis sie das nächste Dorf erreichen, ein paar entfernte Verwandte geben ihnen etwas zu essen. Bei Sonnenaufgang steigen sie in einen Bus, der sich die gewundenen Straßen hinaufquält, um dann wieder hinabzutauchen in die Schatten des nächsten Tales. Stundenlang sitzen sie da, eingeklemmt zwischen den anderen Passagieren, und frieren. Der kleine Bruder jammert, er muss zur Toilette, doch dann vergisst er es, denn der Bus biegt um eine Kurve und vor ihnen erstreckt sich Wasser, so weit das Auge reicht. Es ist das Schwarze Meer, aber der Junge kennt den Namen des Wassers noch nicht, und so sieht er hinaus aus dem Fenster und erkennt, dass der Horizont nicht nur eine gezackte Bergkuppe sein kann, sondern auch eine feine Linie, die das Blau des Himmels vom Blau des Meeres trennt.

Am Abend erreichen sie eine Stadt. «Ankara», erklärt ihm ein Mitreisender. Der Junge sieht ihn fragend an. «Die Hauptstadt der Türkei, du Dummkopf.» Er weiß nicht, was eine Hauptstadt ist, er weiß nicht, was ein Land ist, das Konzept von Grenzen oder Nationalitäten kennt er nicht. Aber er weiß, dass sein kleiner Bruder wieder zur Toilette muss, Ermine weint, das Baby etwas zu essen braucht und dass seine Tiere verhungern, wenn niemand sie hinauslässt.

Aber es ist erst der Anfang einer langen Reise in ein fernes Land, das mit dem Versprechen wirbt, den Menschen, die kommen, Arbeit zu geben, ein Einkommen, eine Unterkunft – jedenfalls für ein paar Jahre, bis die Arbeitskräfte nicht mehr gebraucht werden. Aber auch davon weiß der Junge noch nichts. In Ankara übernachten sie bei anderen entfernten Verwandten, ehe sie am nächsten Morgen wieder in einen Bus steigen, der sie weiter nach Westen bringt. Wieder sitzen sie mit angezogenen Beinen da, es ist eng, und der kleine Bruder klagt über Rückenschmerzen, bis vor dem Fenster erneut hohe Gebäude auftauchen, so hoch, wie der Junge sie noch nie zuvor gesehen hat, und der Onkel sagt: «Mehmet, sieh hin, wir sind in Istanbul.» Und der Junge sieht hin, und er sieht eine Fülle, die ihm unermesslich erscheint.

Sie bleiben einige Tage in der Stadt. Der Junge kommt mit seinen beiden Brüdern und seiner Schwester bei einer Frau unter, die selbst wenig hat, aber das Wenige mit den vier abgemagerten Kindern teilt. Sie schlägt ihnen Eier auf, verquirlt sie, dazu gibt es Käse und Brot, und es ist ein Festessen. Die Frau reicht ihnen kleine Gläser mit einer dunklen Flüssigkeit, aber der Junge lehnt ab: «Nein, gute Frau, wir trinken kein schmutziges Wasser.» Die Frau lacht. «Aber Junge», sagt sie, «weißt du denn nicht, was Tee ist?» Dann greift sie in einen Beutel, streut weißes Pulver in die Gläser und zeigt dem Jun-

13

gen, wie man süßen Tee trinkt, und der Junge denkt, dass es das Beste ist, was er je getrunken hat.

In den folgenden Tagen streifen die Geschwister durch die umliegenden Straßen. Eines Nachmittags schleichen sie sich in einen riesigen Saal, in dem die Menschen auf samtbezogenen Sesseln sitzen und auf eine Leinwand starren. Der Film läuft an, und der Junge ist wie gebannt. Als die Helden auf der Leinwand sich eine wilde Schießerei liefern, duckt er sich, weil er Angst hat, dass ihn eine der Kugeln treffen könnte.

In der Nacht liegt er in der heruntergekommenen Behausung der Frau, und es regnet, und er hört das Wasser unter den Holzbohlen rauschen, und er denkt zurück an das Dorf, aus dem er kommt, und an die Tiere, die durstig sein müssen.

Am nächsten Tag holt der Onkel sie ab. Der Junge weiß nicht, wie lange sie schon unterwegs sind, er hat das Gefühl für Raum und Zeit verloren. Die Frau streichelt ihm und seinen Geschwistern zum Abschied über den Kopf und wünscht ihnen Gottes Segen. Sein kleiner Bruder will unbedingt noch einmal zur Toilette, aber nicht, weil er muss, er will nur immer und immer wieder an der Spülkette ziehen und sehen, wie das Wasser durch die Schüssel rauscht. Wütend schiebt der Junge ihn nach draußen. Sie müssen sich beeilen, um das Flugzeug zu erwischen, sie zwängen sich in einen klapprigen Wagen, der sich hupend und rumpelnd durch den dichten Verkehr der Stadt schlängelt, und der Onkel drängt zur Eile, doch am Flughafen angekommen, stehen sie wieder in einer Warteschlange.

Und dann muss sein kleiner Bruder zur Toilette, aber diesmal wirklich. Der Junge sieht sich um, aber sie haben nicht mehr genug Zeit. Die Luft ist rein, die Erwachsenen sind wie immer mit Erwachsenen-Dingen beschäftigt, und dann hört er es plätschern: Der kleine Bruder pinkelt zwischen die Koffer der Wartenden. Der Junge schämt sich in Grund und Boden. Er zupft den Onkel am Ärmel, was denn mit den Tieren sei. Und der Onkel beruhigt ihn, er habe mit einem der Verwandten gesprochen und ihn gebeten, sie hinauszulassen. Der Junge wundert sich, wie der Onkel ihn erreicht haben mag, aber er traut sich nicht zu fragen.

Das Nächste, woran er sich erinnert, sind die Straßen einer belebten Stadt. Um ihn herum drängen sich Menschen auf dem Weg zur Arbeit, Frauen, die einkaufen, Kinder, die zur Schule gehen. Er steht vor einem großen Gebäude mit einem hohen Turm. Er legt den Kopf in den Nacken und oben, ganz oben auf dem Dach sieht er, wenn er die Augen zusammenkneift, eine grüne Frau, die sich im Wind dreht, wankelmütig wie das Glück selbst. Ihm wird schwindlig, und als er den Blick wieder senkt, hat er den Onkel aus den Augen verloren und steht da, mit seinem kleinen Bruder an der Hand, und der muss ausnahmsweise mal nicht zur Toilette, weint aber trotzdem, und auch dem Jungen ist zum Weinen zumute, weil er nicht weiß, was er jetzt tun und wen er um Hilfe bitten soll und vor allem wie, denn die Menschen um ihn herum sprechen eine fremde Sprache. Sie laufen zielstrebig an ihm vorbei, nur er hat kein Ziel. Er ist ein Kind, weit weg von zu Hause. Er setzt sich auf den Bordstein und legt den Kopf in die Arme, um nichts mehr sehen zu müssen, und sein Bruder zupft ihn am Ärmel, aber er schüttelt ihn ab.

Nach einer Weile, wie viel Zeit vergangen ist, weiß er nicht, frischt der Wind auf, und ein furchtbarer Gestank steigt ihm in die Nase. Und da fallen ihm wieder die Worte des Onkels ein: «Wenn wir uns verlieren, dann gehst du immer dem Gestank nach, den Berg hinauf. Hast du verstanden, Mehmet?» Er nimmt den Bruder an die Hand, und sie laufen den Berg hinauf, immer dem Gestank nach, und bald holen sie den Onkel ein, der auf sie gewartet hat, an der Ecke eines riesigen Backsteinklotzes im Herzen von Neukölln, über dem ein Turm aufragt und wo Arbeiter mit Fluppen im Mundwinkel kistenweise Flaschen verladen. Es riecht nach Bier und Zigaretten, und der Onkel sagt: «Gewöhn dich dran, das ist dein neues Zuhause.»

Es muss Ende der sechziger Jahre gewesen sein, als mein Vater sich nach einer langen Reise quer durch die Türkei und einem Flug, an den er sich einfach nicht mehr erinnern kann, auf den Straßen von Neukölln wiederfand. Er war etwa dreizehn Jahre alt, sein genaues Geburtsdatum kennt er nicht, eine Schule hatte er bis dahin nur sporadisch von innen gesehen. Er war zu Hause durch meterhohen Schnee gestapft, wusste bereits in seinem jungen Alter, was es bedeutet, arm zu sein, was es bedeutet, zu hungern und kein Dach über dem Kopf zu haben. Doch jetzt hatte sich der Wind gedreht und wehte das Füllhorn der Fortuna in Richtung des Jungen. Versteht mich nicht falsch, es gehörte mehr als Glück dazu, dass mein Vater es schaffte, den ärmlichen Verhältnissen zu entkommen, aus denen er stammte. Aber er hatte schon so einiges überlebt, und so war Neukölln für ihn nur eine weitere Herausforderung auf einem langen Weg. Für die Schule sei er schon zu alt und mit Analphabeten könnten sie dort sowieso nichts anfangen, sagte man ihm, also ging er zum Arbeitsamt und machte mit Händen und Füßen deutlich, dass er auf der Suche nach Arbeit sei. Die Frau auf der anderen Seite des Schreibtischs verstand. Sie sah meinen Vater an, dachte nach, dann schrieb sie eine Adresse auf einen Zettel. Am nächsten Tag stand der junge Mehmet geschniegelt und gestriegelt vor einem roten Haus in der Sonnenallee, um sich vorzustellen. Viel Deutsch konnte er nicht, aber das eine Wort schon: Arbeit. Und er wiederholte es immer und immer wieder: Arbeit. Ich. Arbeit. Arbeit, Arbeit ... bis der Kerl im Blaumann mit den ölverschmierten Händen entnervt den Kopf schüttelte, aufgab und ihn einstellte. Der Mann und mein Vater sollten Freunde werden. Er lehrte ihn das Handwerk des Kfz-Mechanikers, und als mein Vater achtzehn Jahre alt war und seinen Führerschein in der Tasche hatte, kaufte er seinem Meister eine alte Klapperkiste ab, brachte sie auf Vordermann, setzte sich in den Wagen und fuhr auf staubigen Pisten – die letzte befestigte Autobahn endete damals kurz hinter Österreich – rund 3500 Kilometer weit, um seine Heimat zu besuchen. In der Zwischenzeit hatte er gelernt, was es bedeutet, einer Nation anzugehören, er wusste, was Grenzen sind, schließlich musste er in Neukölln nur ein paar Meter die Straße runterlaufen, um auf die nächste Mauer zu stoßen. Er hatte erfahren, was diese steingewordenen Konzepte der Abgrenzung bewirkten. Aber auch, dass manche Menschen diese Konzepte Konzepte sein lassen konnten, während sich bei anderen die Mauer im Inneren fortsetzte und direkt durch den Kopf und durch das Herz verlief.

Das Herz, das war es auch, was ihm höherschlug, als sein Onkel ihm das Bild einer jungen Frau zeigte. «Wer ist das?», fragte er. «Das ist die Tochter eines guten Freundes», erwiderte sein Onkel. «Ihr Name ist Hatun.» Mehr musste er gar nicht sagen, mein Vater hatte sich bereits Hals über Kopf in sie verliebt. Er setzte sich hin, verfasste einen Brief, steckte ein Foto von sich in den Umschlag und schickte beides an die Familie meiner Mutter. Als ihr das Bild präsentiert wurde – sie war gerade neunzehn Jahre alt – und man ihr sagte, dies sei ihr zukünftiger Ehemann, war meine Mutter alles andere als begeistert: Der Mann auf dem Bild hatte lange Haare und einen riesigen Schnurrbart. Aber Widerworte waren in der Familie, in der meine Mutter aufwuchs, nicht erwünscht. Es wurde getan, was die Älteren sagten.

Wie mein Vater kommt meine Mutter aus einem Bergdorf in der Nähe des Schwarzen Meers. Ihre ersten Lebensjahre verbrachte sie auf einem Bauernhof hoch oben in den Bergen. Ihr Vater war mit zwei Frauen verheiratet, keine Seltenheit in jener Region, und sie war eines von zwölf Kindern. Sie musste sich früh um ihre Geschwister kümmern, packte außerdem im Haushalt mit an und arbeitete auf den Feldern. Damals bauten sie dort noch Mais an, heute ist die Region für hochwertige Nüsse bekannt. Manchmal stelle ich mir ihre Kindheit wie eine türkische Version vom Leben auf der Alm vor. In dieser Phantasie ist mein Großvater der grummelige Bergbauer, und meine Mutter springt zusammen mit ihren elf Geschwistern auf den Wiesen herum, pflückt Walderdbeeren und Kräuter und hilft bei der Ernte. Nur meine Großmutter will nicht so recht in dieses idyllische Bild passen, von der meine Mutter erzählt, dass sie nur wenig Liebe für ihre

Kinder aufbrachte und drakonisch auf die Einhaltung der Regeln pochte. Natürlich ist meine romantische Vorstellung von diesem unbeschwerten Leben in der Natur weichgezeichnet und wird den Beschwernissen und Entbehrungen jener Zeit nicht gerecht.

Nach einem halben Jahr, in dessen Verlauf Briefe zwischen Deutschland und der Türkei hin und her geschickt wurden, war die Sache geritzt. Mein Vater stieg in seinen klapprigen Ford 20M, fuhr in das Dorf, in dem meine Mutter lebte, und machte Nägel mit Köpfen. Zehn Tage hatten meine Eltern Zeit, um sich persönlich kennenzulernen, ehe geheiratet wurde. Es existiert ein Hochzeitsfoto von meinen Eltern, und ich muss schon sagen: heiße Feger! Meine Mutter trägt ein Kopftuch, unter dem ihre wunderschönen, schwarzen Haare hervorlugen, ihr Rock reichte ihr gerade mal bis an die Knie. Und dann erst mein Vater: Auf dem Bild trägt er ein Poloshirt mit aufgestelltem Kragen, und seine Anzughose hat einen weiten Schlag, womit er zu Zeiten der Bee Gees und John Travoltas voll im Trend lag. Statt feiner Schuhe hatte er darunter übrigens ein paar Jesuslatschen an – worüber meine Mutter sich heute noch herrlich aufregen kann.

Leider nahmen meine Eltern, insbesondere meine Mutter, die Offenherzigkeit, die aus diesem Bild spricht, nicht mit nach Berlin. Manchmal denke ich mir, dass sie ihr irgendwo auf dem 3500 Kilometer langen Weg nach Deutschland abhandengekommen sein muss. Wie sie überhaupt so vieles zurücklassen musste: Vater und Mutter, ihre Geschwister, die fast wie eigene Kinder für sie waren, ihr Zuhause, das kleine Dorf an den grünen Hängen, das Tal mit dem gurgelnden Fluss.

Angekommen in Berlin, zog Hatun zu Mehmet in dessen kleine Neuköllner Hinterhofwohnung, und nicht viel später brachte sie ihr erstes Kind zur Welt, meine große Schwester Ceylan, die Gazelle. Ein Jahr darauf folgte mein Bruder Serdar, der kleine Kommandeur, das war 1977. Es sollten mehrere Jahre vergehen, ehe sich meine Eltern entschieden, dass ein weiteres Kind nicht schaden könne. Hülya wurde geboren, ein Wunschkind, meine liebe Traumtänzerin, und dann, zwei Jahre später, an einem sonnigen Tag im Oktober kam ich im Urban-Krankenhaus – im Bunker, wie mein Vater gerne sagt – hintendrein, mitten hinein in die Achtziger. Mit meiner Geburt siedelte die gesamte Familie mit Sack und Pack von Neukölln nach Lankwitz über. Wie oft mein Vater damals auf der Wohnungssuche von potenziellen Vermietern aus Neukölln den Satz zu hören bekam: «Vier Kinder? Das sind zu viele!», kann ich nicht sagen, aber wenn er von dieser Zeit erzählt, dann treten ihm die Tränen in die Augen. In seiner Verzweiflung wandte er sich an seinen Vorarbeiter bei Daimler Benz, wo er nach der Ausbildung als Kfz-Schlosser angefangen hatte. Der zuckte zuerst ratlos mit den Schultern, bot meinem Vater aber schon nach kurzer Zeit eine Wohnung in Lankwitz an – einem gutbürgerlichen Stadtteil im Südwesten von Berlin. Und obwohl ich mich nicht an die Mauer oder den Mauerfall erinnern kann, ich war schließlich noch sehr klein, lernte ich sehr viel früher als mein Vater, was Grenzen sind und was sie anrichten können, wenn man sie in den eigenen Kopf hinein verlängert.

Groß werden, klein bleiben – meine Kindheit zwischen Lankwitz und Neukölln

Erinnerungsgebirge

Die Erinnerungen an meine Kindheit sind lückenhaft. Zwischen den spitzen Erinnerungsgipfeln tun sich tiefe Täler des Vergessens auf. Es ist, als müssten die Erlebnisse erst eine Baumgrenze passieren oder eine dichte Nebelwand durchstoßen, ehe sie ans Licht meines Bewusstseins kommen.

Vieles, was ich über diese Jahre weiß, haben mir später meine Geschwister erzählt, seit kurzem spricht auch meine Mutter darüber, und meistens weint sie dabei, manchmal weinen wir zusammen.

Das Reden, das begann plötzlich. Ich war längst ausgezogen, lebte mit meinem Mann in Bielefeld und kam nur an wenigen Wochenenden nach Berlin. Meist besuchte ich dann meine Schwester, und an Sonntagen frühstückten wir alle zusammen bei meinen Eltern. Eines schönen Sonntags stand ich in der Küche meiner Eltern auf einem Stuhl und putzte eines der Regale, half im Haushalt, während meine Mutter an der

Arbeitsplatte lehnte, eine Tasse Muckefuck in der einen Hand, eine Zigarette in der anderen, und die Worte endlich aus ihr heraussprudelten. Sie erzählte von dem Tag, als sie vom Arzt nach Hause kam, wo sie gerade erfahren hatte, dass sie wieder schwanger war. Sie freute sich darüber, ja, das schon. Doch die Schwangerschaft mit Hülya war ein Risiko gewesen, und die Ärzte hatten ihr vehement davon abgeraten, noch einmal ein Kind zu bekommen. Dazu kam, dass ihr die drei Kinder alles abverlangten. Sie fühlte sich müde und kraftlos. Wie sollte sie sich da noch um ein viertes Kind kümmern? Zudem drängten sie ihre Verwandten dazu, das Kind nicht zu bekommen. Also hatte sie den Arzt um ein Rezept für die Abtreibungspille gebeten.

In der Küche stehend schilderte sie mir, wie sie in der verlassenen Wohnung gesessen hatte, der Mann bei der Arbeit, die Kinder in der Schule, die Pille vor ihr auf dem Tisch, und sie nichts anderes tun konnte, als zu weinen und zu weinen. Bis meine große Schwester nach Hause kam, neun Jahre alt damals. Ceylan, die die Dinge so schnell erfasst und die schon damals begriff, was los war. Die sich die Pille schnappte, sie in die Toilette schmiss und das Glas Wasser hinterherkippte. Als meine Mutter ihre Geschichte beendete, weinten wir beide, über das Leid, das diese Familie durchlebt hat, das so lange alles überdeckte und das jeder für sich alleine getragen hat.

Es war der Umzug nach Lankwitz, erzählten mir meine älteren Geschwister, danach habe sich alles verändert. Unsere Mutter wollte nicht weg aus Neukölln, obwohl unsere Wohnung dort viel zu klein für uns alle war. Sie sei schwermütig geworden, und jetzt, da sie nicht mehr zur Arbeit in die Brotfabrik gehen konnte, seltener aus der Wohnung gekommen.

In Lankwitz wohnte niemand, den sie kannte. Die Verwandtschaft blieb in Neukölln zurück, und in den Bus oder die S-Bahn wollte sie sich alleine nicht setzen, war also darauf angewiesen, dass unser Vater sie im Wagen dorthin fuhr. Doch der hatte keine Lust, sich nach einem langen Arbeitstag noch einmal durch die verstopften Straßen Berlins zu kämpfen und die Verwandten zu besuchen, nach denen meine Mutter sich so sehnte. Also saß sie allein mit den Kindern in der dunklen Wohnung in Lankwitz, einer Wohnung, die zusehends verwahrloste und in deren vier Wänden die Mutter und die Kinder nicht so recht zueinander fanden. Stundenlang, so berichtete sie mir später, habe ihr kleines Mädchen dagesessen, ohne einen Mucks von sich zu geben, und sie habe sich nicht zu kümmern gewusst, habe nicht gewusst, wie sie zu ihr durchdringen und eine Beziehung aufbauen solle. Während sie einsam am Küchentisch saß, saß ich still und leise in meiner Ecke und beschäftigte mich mit mir selbst.

Als meine Mutter mir diese Geschichte erzählte, begann ich zu verstehen. Ich erinnerte mich widerwillig an die Wohnung in Lankwitz zurück. An die Graffitis, die mein Bruder an die Wand sprayte, an die Löcher in den Türen, wenn er wieder einen seiner Ausraster hatte, und an die abblätternde Tapete und den Schimmel in den feuchten Ecken der Räume. Plötzlich hatte diese unbestimmte Einsamkeit, das Gefühl, am Rand zu stehen, das mich noch heute manchmal beschleicht, einen Ursprung, ein Zuhause.

Die Worte meiner Mutter konnten das Leid jener Tage

nicht rückgängig oder ungeschehen machen, aber sie stellten eine Verbindung her, und nach langen Jahren, in denen wir einander fremd waren, fanden wir Wort für Wort näher zueinander und ich Schritt für Schritt zu mir selbst. Die kleine, wütende Hatice und die erwachsene Hatice versöhnten sich.

Ein Kind, das kein Kind sein soll

In meiner Erinnerung ist diese kleine Hatice ein wildes Mädchen, immer auf dem Sprung. Es war nicht nur die Enge und die Dunkelheit der Wohnung, der sie entfliehen wollte, sondern auch das Korsett aus Normen und Regeln, das meine Mutter für uns Kinder schnürte und das mir damals völlig willkürlich erschien: Mal durften wir nicht hinaus, mussten in der Wohnung bleiben, dann wieder kümmerte es sie nicht, was wir taten. Von Kindesbeinen an mussten wir im Haushalt mit anpacken, erledigten die uns aufgetragenen Aufgaben jedoch nie zu ihrer Zufriedenheit. Wir sollten perfekte kleine Hausfrauen sein. Ich erinnere mich daran, dass ich in einem Alter, in dem ich nur mit einem Stuhl an die Spüle heranreichte, für den Abwasch zuständig war. Zeit zum Spielen gab es nicht. Denn Spielen brachte uns im Leben nicht weiter, wozu sollte das gut sein? Gehorchen sollten wir, funktionieren sollten wir. Kleine Erwachsene sollten wir sein, die das fragile Gebäude aus Vorschriften, das unsere Mutter wie zum Schutz um sich und um uns herum errichtet hatte, unter keinen Umständen ins Wanken brachten. Es war ein schmaler Grat, auf dem wir Kinder uns in ihrer Gegenwart bewegten. Jeder Fehltritt, jede Unachtsamkeit konnte in die Katastrophe führen – in verbale Attacken, emotionale Ausbrüche, Erniedrigungen und Prügel. Die scharfkantigen Gipfel, die aus dem Vergessen her-

vorragen, sind weit häufiger Spitzen der Angst und der Macht-
losigkeit als Spitzen der Glückseligkeit: Meine Mutter, die ze-
tert und schreit, so wütend ist, dass mir angst und bange wird
und ich mir die Ohren zuhalte, damit ich die Worte nicht hören muss, die sie mir entgegenschleudert; meine Mutter, die
meine Schwester und mich bei Minusgraden auf den Balkon
sperrt, weil wir … Ja, was eigentlich? Ich weiß nicht mal mehr,
was wir getan haben. Meine Mutter, die mich schlägt. Meine
Mutter, die sich nicht zu helfen weiß und die auch mir nicht zu
helfen weiß, als ich in die Schule komme und zum ersten Mal
das Gefühl habe, dass ich anders bin als die anderen und dass
das nichts Gutes ist.

Hilflos

Eine meiner ersten Erinnerungen an die Schule: Meine Mutter holt mich ab, ich stehe an einem der Regale und räume unter Tränen Bücher ein. Es gab Streit, die anderen Kinder wollen nichts mit mir zu tun haben, und die Vorschullehrerin weiß nicht, was sie tun soll. Ich sehe meine Mutter, wie sie unschlüssig an der Tür steht und mich traurig ansieht, aber sie unternimmt nichts. Es war die Angst vor der Konfrontation, erzählte sie mir später bei einem unserer Gespräche. Die Sprache konnte sie längst, nun gut, manchmal brauchte sie noch Hände und Füße, um sich verständlich zu machen, doch für eine Auseinandersetzung fühlte sie sich nicht stark genug, schämte sich für ihr gebrochenes Deutsch. Damals weinte ich so heftig, dass ich kaum noch Luft bekam. Ich wollte aufhören zu weinen, aber ich konnte nicht. Meine Mutter lächelte die Vorschullehrerin entschuldigend an und zog mich mit sich.

Ziemlich schnell hatte ich begriffen, dass wir uns von den anderen Familien unterschieden. Ich dachte damals noch nicht in Kategorien wie arm und reich. Aber ich sah, wie adrett die anderen Kinder in die Vorschule kamen, glatt und glänzend, wie aus dem Ei gepellt. Sie hatten ein Pausenbrot dabei, das ihnen ihre Mutter zu Hause geschmiert hatte. Sie rochen nach Seife und Waschpulver, als kämen sie frisch aus der Reinigung. Die Kleider, die sie trugen, waren sauber und passten perfekt. Wenn es am Morgen Zeit war, hineinzugehen, wollten sie sich kaum von ihrer Mutter lösen, die ihnen zum Abschied über den Kopf streichelte.

Am ersten Schultag standen diese Mütter auf dem Schulhof und plauderten und lachten miteinander. Ihre Kinder kannten einander schon, weil sich die Mütter kannten. Zum ersten Mal schämte ich mich für meine Familie, die nicht zu diesen Leuten gehörte, und wünschte mir, meine Eltern wären wie sie. Wünschte mir, mein Vater wäre irgendetwas, das man eben ist, wenn man einen Anzug trägt, und meine Mutter spräche nicht Türkisch und trüge kein Kopftuch und wir würden einfach ganz genauso aussehen wie sie, damit ich nicht das Gefühl haben müsste, nicht dazuzugehören.

Mit jedem Tag an der Schule wurde ich wütender und redete mir ein, dass ich gar nicht dazugehören wollte, dass ich mich gar nicht danach sehnte, mit diesen weichgespülten Kinderversionen zu spielen und sie zu mir nach Hause einzuladen, es mir auch völlig egal war, wenn sie mich nicht zu sich nach Hause einluden.

Wenn ich morgens aufstand, hatte ich Bauchschmerzen, ich wollte nicht in die Schule, wo die anderen Kinder lachten, wenn ich eine falsche Antwort gab, und der Lehrer nichts dagegen tat. Er verlangte, dass ich still saß und die Hausaufgaben machte, die ich nicht verstand. Er schrieb mir einen Tadel ins Heft, für die Eltern. Sie sollten mir helfen, meine Aufgaben zu machen. Aber ich wusste, dass sie das nicht konnten. Ich ging nach Hause, wo die Hände meiner Mutter drohend näher kamen, wenn ich eine ihrer Regeln übertrat, die ich ebenfalls nicht begriff, und die mir nicht erklärt wurden. Mit jedem Tag, an dem ich wieder etwas nicht verstand und meine

Mutter mir nicht helfen konnte, mit jedem dieser Tage und jedem dieser Rückschläge verfestigte sich in mir der Gedanke, dass ich nicht gut genug war, nicht schlau genug, dass ich es, was immer ich auch tat, nicht schaffen konnte. Es war wie ein Strudel, der mich einsog, und in mir wuchs eine Wut, die sich Bahn brach. Ich beschimpfte meine Mitschüler, schubste, trat, wirbelte wie ein kleiner Kreisel durch unsere Wohnung und durch das Klassenzimmer.

Meine Mutter und die Lehrer reagierten überfordert und schickten dieses unbändige Kind zum Psychologen, meine Mutter ging mit und nickte zu allem, was der Psychologe sagte, aber wieder ließ sie alles geschehen, ohne sich zu wehren, ohne sich für ihre Tochter einzusetzen, die noch zu klein war, um für sich selbst einzustehen. Ich sollte mir Bilder ansehen. Eine Lokomotive, einen Schmetterling, verwischte Tuschebilder. Ich war gerade sieben Jahre alt und dachte: *Mit dir stimmt was nicht.* Und da war niemand, der mir sagte, dass es nicht so war und dass, ganz im Gegenteil, vieles um mich herum nicht stimmte.

Am Ende des ersten Schuljahres wurde ich nicht versetzt, auf meinem Zeugnis stand, dass ich erschöpft und unkonzentriert wirkte, an manchen Tagen käme ich gut mit, an anderen sei ich völlig überfordert und schaffte es nicht, die Anforderungen zu erfüllen, die man an ein Kind in der ersten Klasse stellen könne. Meine Mutter war wütend, und mein Vater war enttäuscht. Ich sollte doch mal studieren. Warum nutzte ich die Chance nicht, die sie nie hatten? Und die kleine Hatice? Des Nachts plagten sie Albträume, davon, wie alle davonlaufen, nur sie ist wie angewachsen, sie strampelt mit den Beinen, aber sie kommt einfach nicht von der Stelle, sie strengt sich an, immer mehr, aber nichts bewegt sich. Das ist die Nacht. Und am Tag? Da wusste sie keinen anderen Ausweg, als sich in ihre Träume zu flüchten.

Auf nach Wolkenkuckucksheim

Wenn ich nicht in der Schule war oder zu Hause im Haushalt mithelfen musste, spielte ich stundenlang im Hinterhof des Mehrfamilienhauses, in dem wir wohnten. Als Kind erschien mir dieser Ort riesengroß und undurchdringlich, ich tauchte in ihn ein wie in einen Urwald.

Als ich Jahre später mit meinem Mann noch einmal dorthin zurückkam, konnte ich kaum glauben, was ich sah: Im Hinterhof ragten ein paar vereinzelte Birken und Tannen auf. Neben den Mülltonnen stand ein mickriger Sandkasten, und die Kinderschaukel, auf der ich so hoch schaukelte, wie ich nur konnte, war alt und wackelig. Heute wirkt der Hof klein und eng, aber damals war er für mich eine verwunschene Welt, in der ich mich auf abenteuerliche Expeditionen begab: Ich schlug mich in die Büsche und stellte mir vor, ich sei Archäologin, grub kleine Tierskelette aus – Flugsaurier aus prähistorischen Zeiten –, stieß auf ein paar Pfennige – für mich waren es römische Münzen, die Händlern aus fernen Ländern aus den Taschen gefallen waren –, kletterte auf den Baum, der sich so gut dafür eignete, und beobachtete die Kämpfe zwischen Räubern und Gendarmen, die sich unter mir abspielten.

Draußen war ich frei. Draußen bestimmte ich darüber, wer ich war – Archäologin, Forscherin, Tiger, alles war möglich.

Eines Tages, ich war gerade auf einer meiner Forschungsreisen durch den Hinterhof-Dschungel, stand plötzlich ein Mädchen vor mir. Sie schob eine rosafarbene Schubkarre vor sich her, ein Träger ihrer knallgelben Matschhose hing ihr von der Schulter. Sie war genauso überrascht, mich auf ihrem Streifzug anzutreffen, wie ich es war. Wir kannten uns nicht, und schon rein äußerlich unterschieden wir uns in jeder Hinsicht – ich hatte lange glatte Haare, sie winzige Löckchen, die jemand in zwei kleinen Zöpfen zu bändigen versucht hatte. Wir waren beide Entdecker, neugierig und loyal, aber sie war leise, ich laut, sie war sanft, ich ein kleiner Satansbraten. Von all dem ahnten wir noch nichts, und später war es uns dann egal. Wir waren einfach zwei Mädchen, die wussten, dass es besser ist, im Dschungel nicht alleine zu sein.

Mila und Midori

Von da an waren wir unzertrennlich. In unserem Hinterhof rissen wir Zweige von den Sträuchern, bastelten uns Pfeil und Bogen und gingen auf die Jagd, dann wieder saßen wir stundenlang im Sand und backten Kuchen, die wir an unsere Nachbarn verkauften – fünf Pfennig das Stück. Geschäftstüchtig, das waren wir, bescheinigte uns Vanessas Mutter Sabine. Das Geld trugen wir zum Bäcker und ließen uns bunte Tüten mischen. Wir wurden älter und waren Mila und Midori aus *Mila Superstar.* Wenn wir zusammen waren, dann lächelten wir wie die Sonne über dem Fujiyama.

Im Sommer fuhren wir auf Rollschuhen zur Eisdiele, wo sich meine Schwester Ceylan etwas dazuverdiente, und verlangten, naseweis, wie wir waren, einen Kinderbecher – drei Kugeln mit Sahne, aber bitte mit zusätzlicher Soße, einer Wagenladung Streusel und Gummibärchen. Und meine Schwester Ceylan, mit ihrem großen Herzen, in dem schon damals Platz für alles und jeden war, gab uns, ohne zu zögern, während Hülya sich noch wand und nicht mit der Sprache rausrückte, bis Ceylan ihr das Eis regelrecht aufdrängte.

Selbst meine Mutter erinnert sich mit einem Lachen an Vanessa und mich. «Du warst verliebt in dieses Mädchen!», sagt sie, doch das ist nur die halbe Wahrheit.

Als ich Vanessa das erste Mal zu Hause besuchte, kochte

uns ihre Mutter Sabine Kakao, setzte sich mit uns hin und wir bastelten mit Fimo – ich fand das seltsam, aber irgendwie auch gut, richtig gut. Und obwohl meine Mutter nichts davon hielt, dass wir Freundschaften schlossen – wozu soll das gut sein? –, hatte sie nichts einzuwenden gegen Vanessa und ihre Familie.

Heute weiß ich, dass Sabine die Einzige war, die erkannte, dass meine Mutter Hilfe brauchte. Sie klingelte bei ihr und fragte, ob sie ihr etwas vom Supermarkt mitbringen solle, ließ sich von dem Zustand unserer Wohnung nicht abschrecken und kam immer wieder auf einen Kaffee vorbei, um meiner Mutter Gesellschaft zu leisten. Als Religionslehrerin hatte sie immer ein Auge darauf, dass sie mir kein Schweinefleisch vorsetzte und dass in dem Essen nichts Verbotenes enthalten war. Ich liebte Sabine fast ebenso sehr wie Vanessa. Ohne groß zu fragen, nahm sie mich in ihre Familie auf. An den Wochenenden packte sie Vanessa und mich ins Auto und fuhr mit uns raus nach Brandenburg zu den Großeltern, wo wir mit dem Hund über die Felder streiften und lange Wanderungen unternahmen. Wir machten Ausflüge zum Britzer Garten, wir feuerten Leichtathleten im Olympia-Stadion an, im Winter gingen wir eislaufen, und meine Mutter erlaubte mir, mit Vanessa zum Basketball-Training zu gehen. Ich sang in einem evangelischen Kirchenchor und verliebte mich in die Musik.

Waren wir bei Vanessa zu Hause, backte ihre Mutter Waffeln und brachte sie uns ins Spielzimmer, wo wir den lieben langen Tag unbehelligt spielten und Bibi-Blocksberg- und Benjamin-Blümchen-Kassetten rauf und runter hörten, ohne dass jemand etwas von uns wollte. Sabine half Vanessa bei den Hausaufgaben, sie machte ihr kleine Zöpfe mit lustigen

Haarbändern und zog ihr ein neues T-Shirt an, wenn sie sich bekleckerte.

Obwohl die Wohnung ebenso klein war wie unsere, obwohl sie wahrscheinlich genauso dunkel war, sind die Räume in meiner Erinnerung licht und offen. Dieses Zuhause verkörperte alles, wonach ich mich sehnte, ohne dass ich hätte sagen können, was genau das eigentlich war. Heute weiß ich, es war das, wofür die Spielsachen standen. Denn wo Spielsachen sind, da darf gespielt werden, da darf man wild sein und sich ausprobieren. Kurz: Man darf Kind sein. Also ja, ich war verliebt in Vanessa, aber ich war auch verliebt in das Leben, das mir diese Freundschaft eröffnete. Es war wie der lebende Beweis, dass es sich lohnte zu träumen.

Ein Haus aus Normen und Regeln

Natürlich gab es auch Rückschläge. Nicht immer durfte ich Vanessa besuchen, nicht immer durfte ich zum Basketball- oder Leichtathletik-Training, nicht immer durfte ich mit zum Wochenendausflug. Meine Mutter verstand nicht, was das bringen sollte, verstand nicht, dass mir diese Dinge wichtig waren. Sie hatte andere Pläne für ihre Töchter. Häuslich sollten wir sein, lernen, wie man einen Haushalt führt, gehorchen, ohne Fragen zu stellen, nach den strengen Regeln leben, denen sie und mein Vater folgten und die ihr Halt gaben in einer Welt, in der ihr auch nach knapp zwanzig Jahren immer noch vieles fremd vorkam. Einer Welt, vor der sie sich und uns mit all den Vorschriften schützen wollte. Sie errichtete ein Haus aus Normen und Regeln, in dem wir uns auf Zehenspitzen bewegen mussten und ja nichts falsch machen durften und in dem ich doch immer wieder daran scheiterte, mich richtig zu verhalten.

In einem besonders heißen Sommer, die Sonne brannte so unbarmherzig auf die Stadt herunter, dass Vanessa und mir die Haare am verschwitzten Gesicht klebten, zog Sabine mir einen von Vanessas alten Badeanzügen an und schickte uns raus in den Hof, wo der Hausmeister einen Gartenschlauch angeschlossen hatte. Zusammen mit den anderen Kindern aus der Nachbarschaft tobten wir durch das kühle Nass. Doch als meine Mutter mich dort sah, zerrte sie mich an den Haaren zurück ins Haus, und es setzte die Prügel meines Lebens. So richtig verstand ich nicht, was ich eigentlich falsch gemacht hatte, schließlich sprangen doch auch die anderen Mädchen im Badeanzug im Hinterhof herum. Aber erklärt wurde mir wenig, und mit der Zeit füllten immer mehr Pflichten meinen kindlichen Alltag.

Korkma, sönmez bu şafaklarda yüzen al sancak

Insbesondere meinem Vater war es wichtig, dass wir uns in Deutschland wie auch in der Türkei flüssig und ohne sprachliche Barrieren verständigen konnten. Zu Hause wuchsen wir deshalb bilingual auf. Unsere Eltern sprachen meist Türkisch mit uns, und wir Kinder antworteten intuitiv auf Deutsch, der Sprache, die unseren Alltag außerhalb unserer vier Wände bestimmte, und die wir ganz selbstverständlich aus der Schule und von der Straße hinein in unsere Familie trugen. Ab der zweiten Klasse schickten mich meine Eltern nach der Schule in die Lankwitzer Bibliothek, wo ein streng dreinblickender Lehrer mir und acht weiteren Kindern das türkische Alphabet beibrachte, auf dass ich Türkisch nicht nur sprechen, sondern auch schreiben könnte. Disziplinversessen ahndete der Lehrer jede noch so winzige kindliche Regung – auf jedes Flüstern, jedes Kichern und jede Unachtsamkeit folgte ein unmissverständlicher Blick, der mich und meine Mitschüler das Fürchten lehrte. Wir lernten die türkischen Buchstaben, schrieben eifrig kurze Diktate in unsere Schulhefte und rezitierten Gedichte. Im zweiten Jahr wurde der Unterricht in die Grundschule verlegt, sodass ich einmal in der Woche nach dem regulären Unterricht einfach länger in der Schule blieb. Bevor die Stunde begann, hatten wir Stöpsel uns von nun an in Reih und Glied aufzustellen und ein Lied zu singen. Die Musik ertönte, und aus acht Kehlen schallte es glockenhell: «Korkma, sönmez bu şafaklarda yüzen al san- cak …» Nur ein kleines Mädchen stand kerzengerade da, biss sich auf die Lippen und spielte an seinem Wackelzahn her- um – dieses kleine, zunehmend nervöse Mädchen war natür- lich ich. Woher kannten all die anderen dieses Lied? Es klang schön, getragen, aber auch ein bisschen schwermütig. So ganz verstand ich nicht, wovon der Text handelte. Es ging um einen Stern und den Mond, später um Blut und um Freiheit. Ehr- furchtgebietend lief der Lehrer vor uns Kindern auf und ab, bewegte die Arme im Takt und gab den Bariton. Ich lehnte mich verstohlen rüber zu Funda, einer Mitschülerin: «Was ist das für ein Lied?» Funda beäugte mich ungläubig. «Na, die türkische Nationalhymne.» Doch da fiel der strenge Blick des Lehrers auf uns, und während Funda in doppelter Lautstärke weitersang, presste ich verunsichert die Lippen aufeinander. Schon stand der Lehrer vor mir, befahl mir, gefälligst mit- zusingen, was ich nicht konnte, und versetzte mir angesichts meines vermeintlich unpatriotischen Verhaltens einen festen Tritt. Tränen schossen mir in die Augen, und ich presste die Lippen noch fester aufeinander.

Als ich meiner Familie beim gemeinsamen Abendbrot von dem Vorfall berichtete, war mein Vater erzürnt. Selten habe ich diesen ansonsten so sanften Mann so aufgebracht erlebt, und bis heute weiß ich nicht, was ihn mehr ärgerte, dass wir die Nationalhymne singen sollten oder dass eines seiner Kinder von einem fremden Mann misshandelt worden war. Damals ahnte ich noch nicht, dass mein Vater, der lange ohne das Wissen um Nationalitäten gelebt hatte, in jungen Jahren für sich zu der Erkenntnis gelangt war, dass jedwede Form von Patriotismus den Blick der Menschen verstellt und Grenzen schafft, die nur schwer zu überwinden sind. In seiner Jugend in Deutschland hatte er die Erfahrung gemacht, dass es gute Menschen und schlechte Menschen gibt, manchmal auch Menschen mit guten Absichten, die Schlechtes tun, und schlechte Menschen, die Gutes zustande bringen – das alles unabhängig von Nationalitäten. Mein Vater wünschte sich für seine Kinder vor allem eines: dass ihnen mehr Türen offenstehen würden als ihm. Und er wusste, dass kaum etwas dabei hinderlicher wäre als Grenzen – Grenzen auf der Landkarte, insbesondere aber Grenzen im Kopf und Grenzen im Herzen.

Der Mann, der bis zu sechzig Stunden in der Woche arbeitete, um uns diese Freiheit zu ermöglichen, und den wir Kinder häufig nur als eine erschöpfte Gestalt beim Abendessen und im Wohnzimmer wahrnahmen, der sich kaum je in unsere Erziehung einmischte, nahm sich die Zeit und stattete meinem Türkischlehrer einen Besuch ab. Ich weiß nicht, wie dieser Besuch im Einzelnen verlief, aber nach jenem Tag kehrte ich nie wieder in seinen Unterricht zurück. Diese Geschichte war nur ein kurzes Aufleuchten dessen, was einmal sein würde. Danach wurde mein Vater wieder das, was er für mich lange Jahre davor und auch noch lange Jahre danach war: eine vage Präsenz, sanft, das ja, aber auch weit entfernt und fast immer müde, jemand, den wir nicht stören durften und der kaum etwas mitbekam, von den Grenzen, die wir längst in unseren Köpfen und Herzen hochzogen.

Lernen, lernen, lernen

Zur Schule, zu den häuslichen Pflichten und dem Türkisch-
unterricht kam ab der ersten Klasse an den Wochenenden
der Koranunterricht. Jeden Samstag setzten Hülya und ich
uns in den Bus und fuhren nach Schöneberg, um gemeinsam
mit anderen Kindern die Moschee zu besuchen und mehr
über unseren Glauben zu erfahren. Spielerisch lernten wir den
Islam kennen, es wurde gesungen und getanzt, und wir Kinder
waren dort sehr frei.

Doch etwas später wechselten unsere Eltern in eine andere
Moschee und dort herrschten strengere Regeln, die sich auch
auf uns Kinder auswirkten. Die Lehrer an dieser Moschee
wollten, dass wir weniger spielten und mehr lernten, und unsere Eltern übernahmen diese Ansicht: nur einmal die Woche
ein paar Stunden, das reichte ihnen für unsere religiöse Erziehung nicht mehr aus. Also schickten sie Hülya und mich
an den Wochenenden nach Neukölln, wo wir die Koranschule
besuchten. Jeden Freitagnachmittag packten wir unsere Ruck-
säcke und machten uns wie so viele andere Kinder aus den
umliegenden Bezirken – Kreuzberg, dem Wedding und Neukölln – auf den Weg in die Moschee, um Arabisch zu lernen,
im Koran zu lesen und die Suren auswendig zu lernen. Freitag
war der große Anreisetag, und es war jedes Mal ein Riesen-
trubel, bis alle Kinder eingetroffen waren und das Abendbrot

gegessen wurde. Alle Kinder übernahmen an diesen Wochenenden Aufgaben in der Moschee, mal half man in der Küche, mal half man, die Tische zusammenzuschieben, mal richtete man die Gebetsräume her. Ferienlager-Charakter hatten die Wochenendaufenthalte in Neukölln dennoch nicht, denn das Programm war straff durchorganisiert. Schon am Freitag trafen wir uns nach dem Abendbrot in unseren Gruppen, um vor Sonnenuntergang noch etwas zu lernen, danach sammelten wir uns zum Abendgebet, worauf einiges später das Nachtgebet folgte, bei dem ich oft schon so müde von dem langen Tag war, dass mir die Augen zufielen. Doch an Schlaf und Erholung war an den Wochenenden kaum zu denken, waren sie doch vollgestopft mit Unterricht, Diensten und Gebeten. Vor allem im Sommer war die Nacht nur kurz – pünktlich zur Morgendämmerung wurden wir geweckt, um uns erneut zum Gebet zu versammeln. Im Islam beten die Gläubigen fünfmal am Tag. Ich kannte diesen Rhythmus schon von meinen Eltern, die uns früh in diese Praxis miteinbezogen hatten, doch gerade an den Wochenenden, nach einer anstrengenden Schulwoche, fiel es mir schwer, aus den Federn zu kommen. Da konnte es schon mal passieren, dass die Lehrerinnen zu rabiateren Methoden griffen, und ich von einem Schwall kaltem Wasser geweckt wurde.

Nach dem Gebet und dem gemeinsamen Frühstück begann der Unterricht. Zusammen mit den anderen Schülerinnen saß ich an niedrigen Tischen und lernte, die Intonation der arabischen Sprache zu treffen, den Koran zu lesen und später frei daraus zu rezitieren. Reihum forderte uns die Lehrerin auf, aus dem Koran vorzulesen. Für mich, die ich aufgrund meiner schlechten Erfahrungen in der Schule furchtbare Angst davor hatte, im Mittelpunkt zu stehen und vor anderen Kindern eine Aufgabe bewältigen zu müssen, war das der blanke Horror. Während es mir in unbeobachteten Momenten gelang, flüssig zu lesen, war ich im Unterricht oft derart aufgeregt, dass ich kaum ein gerades Wort herausbekam und die anderen Kinder mich auslachten, was meine Ängste nur noch verschlimmerte. Oft verzweifelte ich an diesen Wochenenden unter dem Druck, alles richtig zu machen, und oft flossen Tränen, wenn ich es wieder nicht schaffte. Während ich noch in der Anfängergruppe herumkrebste, machte meine Schwester Hülya, die immer die Besonnenere von uns beiden war, rasch Fortschritte und besuchte bald einen anderen Kurs. Was ich unter der Woche in der Schule erlebte, setzte sich an jenen Wochenenden fort: Wieder hatte ich das Gefühl, den Erwartungen an mich nicht gerecht werden zu können.

Neunmal Glück, bitte schön

Heute weiß ich: Was ich gebraucht hätte, wären schlicht Zeit und Zuwendung gewesen. Zeit, um mich von den schulischen Belastungen zu erholen, um Fuß zu fassen, um zu spielen und ich selbst zu sein; und Zuwendung, weil jedes Kind Liebe und Fürsorge braucht, um sich sicher zu fühlen und wachsen zu können.

Ich sage nicht, dass in meiner Kindheit alles schlecht war. Ich erinnere mich an viele fröhliche Momente: die Reisen in die Türkei zu unseren Verwandten, das Spielen und Toben mit Vanessa, die Ausflüge mit ihrer Familie, Schlittenpartien mit meinen Geschwistern bei klirrender Kälte am Teufelsberg. Ich bin froh und glücklich, dass ich bilingual aufgewachsen bin, weil Sprachen uns die Welt eröffnen. Ich bin dankbar, dass meine Eltern Wert darauf legten, mir den Islam näherzubringen, weil ich es dadurch später leichter hatte, meinen eigenen Weg zum Glauben zu finden. Ich weiß, ich könnte verbittert sein, ich könnte hadern mit dem, was unsere Eltern uns in der Kindheit zugemutet, was sie von uns gefordert haben, aber ich bin es nicht, weil meine Eltern genau wie wir gewachsen sind. Über die Jahre haben sie sich verändert. Sie haben die Angst abgelegt, ihre Kultur zu verlieren, und an diese Stelle ist Offenheit für Neues getreten.

Aber bis es so weit war und vor allem meine Mutter Vertrauen fasste und akzeptierte, dass wir unseren eigenen Kopf haben, sollten noch viele Jahre vergehen, in denen wir unzählige Kämpfe miteinander auszutragen hatten.

Heute bin ich neunfache Tante. Wenn ich mir ansehe, wie meine Nichten und Neffen aufwachsen, dann merke ich, wie viel sich in kurzer Zeit verändern kann, wenn man Misstrauen und Angst gegen Vertrauen und Zuversicht eintauscht. Diese Kinder dürfen Kinder sein. Ihnen wird vorgelesen, sie kuscheln mit ihren Eltern, sind in Sportvereinen, nehmen an Turnieren teil. Meine Nichte reitet, mein Neffe spielt Fußball, sie haben Spielsachen, verabreden sich mit ihren Freunden. Statt zu drohen und zu strafen, ermutigen ihre Eltern sie, sich auszuprobieren. Sie helfen ihnen, wenn es in der Schule hakt, setzen sich mit ihnen hin, wenn sie etwas nicht verstehen, und erklären es ihnen. Dabei hatte es meine ältere Schwester viel schwerer als ich. Als Älteste von uns drei Schwestern genoss sie als Kind noch weitaus weniger Freiheiten als Hülya und ich. So wie ich in den Chor oder zum Basketball zu gehen, das wäre für sie früher undenkbar gewesen. Doch die Strenge und Unnachgiebigkeit, die sie von unserer Mutter erfuhr, bewegte sie Jahre später dazu, ihren eigenen Kindern anders zu begegnen. Sie hat aus dem Erlebten ihre Lehren gezogen – wie wir alle. Für ihre Kinder wünscht sie sich, dass sie eigene Erfahrungen machen und wissen, dass sie mit ihr über alles sprechen können. Wenn ihren Kindern heute jemand sagen würde, sie seien nicht gut genug, sie seien anders oder gar falsch, dann wäre sie an ihrer Seite, um ihnen zu sagen, dass sie so, wie sie sind, goldrichtig sind.

Von null auf hundert –
meine Jugend in Neukölln

Back to the roots

Als ich dreizehn Jahre alt war, zogen wir zurück nach Neukölln. Ziemlich klischeehaft, oder? Türken in Neukölln? Ich weiß noch, dass ich am Tag des Umzugs, es muss im Sommer gewesen sein, mit meinen Geschwistern im voll beladenen, kanariengelben VW T2 meines Vaters saß und mir die Nase an der Scheibe plattdrückte, um ja nichts zu verpassen. Unsere Katzen hatten Junge bekommen und neben mir stand ein Körbchen, in dem die Kleinen durcheinanderwuselten, auf meinem Schoß balancierte ich eine Topfpflanze, und hinten auf dem Rücksitz zwischen meinen Geschwistern stand unsere alte Waschmaschine und rumpelte bei jedem Schlagloch vor sich hin. Je weiter wir uns von Lankwitz entfernten und je tiefer wir in die Stadt vordrangen, desto grauer, schmutziger und enger kam mir Berlin vor. Zuletzt fuhren wir über den Hermannplatz mit dem riesigen Karstadt auf der einen Seite und dem kleinen Markt auf der Mittelinsel, vorbei an den Menschen, die aus den U-Bahn-Schächten drängten, den Frauen, die ihre Einkäufe in orangen, grünen und weißen Plastiktüten nach Hause trugen. Mein Vater bog nach rechts auf die Sonnenallee ein – die arabische Straße wird sie heute auch genannt. In schneller Folge zogen draußen vor dem Fenster die Häuser vorbei, dazu Männer, die rauchend vor einer Schischa-Bar standen, eine runtergekommene Kneipe, poliertes Gemüse, das in der Sonne glänzte, die blinkende Leuchtreklame im Fenster eines Spätis – grün, rot, grün, rot – und davor ein paar Schnapsleichen, ein geschlossener Ramschladen, die Jalousie auf halbmast, wieder Frauen mit bunten Tüten, ein Falafel-Laden, fette schwarze Karren am Straßenrand, ein geschlossener Briefmarkenladen, ein geschlossener türkischer Supermarkt, der Geruch von Dönerfleisch, ein Blumenladen mit gelbstichiger Scheibe und dann nur noch Fassaden, Fassaden, ein Supermarkt, nichts, nichts, nichts. Willkommen in Neukölln.

An dem roten Haus in der Sonnenallee lenkte mein Vater den Wagen durch ein Tor in den Hinterhof und hielt vor der Werkstatt, die er vor fast zehn Jahren von seinem Meister übernommen hatte. Stolz führte er uns herum, zeigte uns die Oldtimer mit den weißen Ledersitzen, die auf dem Hof parkten und die er für Menschen aus aller Welt restaurierte. Ich weiß noch, wie mein Vater uns die Stufen hinaufscheuchte. Stockwerk um Stockwerk, hinauf in die enge Arbeiterwohnung, die wir von nun an zu sechst bewohnten. Drei Zimmer, Küche, Diele, Bad und mittendrin wir: eine überforderte Mutter, zwei junge Erwachsene, ein folgsamer Teenager, ein wütendes Kind und ein Vater, der sich Tag für Tag in der Werkstatt den Rücken für seine Familie krumm schuftete.

Meine Schwestern und ich saßen später zusammen am Fenster und sahen hinaus auf das steinerne Neukölln, und das Herz sank mir regelrecht in die Hose. Wo waren die Rosengärten, wo der Gemeindepark, in dem man die Rehe füttern konnte, oder der Brunnen, in dem wir im Sommer geplanscht und uns die vom Eis klebrigen Finger gewaschen hatten? Und Spielplätze? Was war mit Spielplätzen?

War ich es in Lankwitz noch gewohnt gewesen, mich als eines von wenigen Kindern mit türkischen Wurzeln in einem überwiegend deutschen Umfeld zu bewegen, war es jetzt andersrum. Die türkische Community in Neukölln war Anfang der 2000er sehr groß. Viele meiner Verwandten lebten damals noch hier – meine beiden Großmütter, meine Tanten und Onkel mit meinen Cousinen und Cousins. Und doch stellte ich fest, dass viele der Neuköllner Kinder anders aufgewachsen waren als ich, weniger Freiheiten genossen hatten. Die anderen bezeichneten uns als die «Almanci-Familie» – für Neukölln waren wir einfach zu deutsch. Kann man sich das vorstellen? In Neukölln, so heißt es heute noch oft, würden die Kinder aufwachsen wie in der Türkei. Aber das stimmt nicht. In Neukölln nahmen es viele Eltern weitaus genauer mit den alten Werten als die Menschen in der Heimat. Man blieb unter sich. Und was schön hätte sein können, wie eine Heimkehr in den Schoß einer großen Familie, war nur ein weiterer dunkler Ort. In Lankwitz hatte ich Kontakt mit Kindern aus ganz verschiedenen Elternhäusern gehabt – sie kamen aus Arbeiterfamilien, aus der bessergestellten Mittelschicht, aus Großfamilien oder waren Einzelkinder, hatten mal türkische, arabische, deutsche oder wie in Vanessas Fall deutsch-afrikanische Wurzeln. Hatte ich dort noch das vage, ungute Gefühl gehabt, anders zu sein – Kanake hatten sie mich bei Streitereien auf dem Schulhof manchmal genannt, aber was sie damit meinten, hatte ich nicht verstanden –, war das in Neukölln eine ganz andere Nummer. Plötzlich war es, als wäre mein Wesen, mein Ich, von zwei Seiten her ganz klar definiert: Von außen betrachtet war ich eine Türkin aus Neukölln. Stempel drauf: Ausländerin. Innerhalb der Community war ich eine Almanci. In Lankwitz hatte ich nur gewusst, dass ich nicht arm sein wollte, nicht anders sein, dazugehören. Ich wollte sein wie die anderen Kinder. Wollte die Spielsachen, die sie hatten, wollte die adretten Mütter, die ihnen Pausenbrote in die knallbunten Schulrucksäcke packten, wollte das eigene Zimmer, in dem sie anscheinend ununterbrochen spielen durften, wollte das sorglose Leben, das sie führten.

In Neukölln bekam ich dann, wonach ich mich so lange gesehnt hatte: Auf einen Schlag gehörte ich dazu. Aber wozu eigentlich? Zu «den Türken», «den Ausländern», «den Deutschen»? Da war plötzlich dieser starre Blick von außen, der kategorisierte, einordnete, die Weichen stellte.

Neukölln

In dem Stadtteil, über den heute noch gerne reißerisch berichtet wird, er sei heruntergekommen, schmutzig, vor allem gefährlich, sah es damals noch ganz anders aus. Wo jetzt an allen Ecken und Enden saniert wird und schicke Eigentumswohnungen entstehen, war jedes zweite Haus so baufällig, dass ich mich manchmal frage, wofür man damals überhaupt Miete zahlte. Für den Schimmel? Den Bauschutt? Die Fenster, durch die es zog wie Hechtsuppe?

Wo heute Cafés, Kneipen und kleine Geschäfte neben Döner-Buden und Sonnenstudios eröffnen und sich die üblichen Junkies, dazu Schlägertypen, Transsexuelle, Rechtsradikale, Studenten aus aller Welt, türkische, arabische, deutsche und bulgarische Omis und junge Familien auf den Bürgersteigen drängen, war es damals weit weniger «bunt», und das meine ich wortwörtlich. Verglichen mit dem beschaulichen, fast verschlafenen Lankwitz war Neukölln ein echter Abturner. Dieser Kiez war nicht beschaulich, er war räudig. Er war nicht verschlafen, er war kurz vorm Verrecken. Wo die Berliner heute im Sommer ihren Grill auspacken, starteten und landeten alle paar Minuten Flugzeuge und donnerten über die Dächer hinweg. Gut ausgestattete Spielplätze für Kinder oder pittoresk bepflanzte Parks: Fehlanzeige. Sperrmüll, Scheiße und Spritzen, das lag auf den Gehwegen rum – nicht, dass sich Neukölln in diesem Punkt verändert hätte. Als ich in Neukölln ankam, war der Kiez schon längst stigmatisiert. Damals sprach man in der Politik noch nicht wie heute von einem «Problembezirk», als handele es sich um ein wütendes Kind, das man mal zum Therapeuten schicken sollte, damit es sich anpasst, sich integriert, nicht mehr so laut, so anders ist, eben funktioniert. Damals haute man als Politiker noch Begriffe wie «Slum» oder «Ghetto» raus, wenn man von gewissen Teilen Neuköllns sprach. Natürlich meinte man immer Nordneukölln, nie den Süden, wo sich schon damals Nazis niedergelassen hatten. Neukölln = Ausländer, Neukölln = Ghetto, Neukölln = sozialer Abstieg – so lauteten damals die einfachen Gleichungen.

Der Brief

Kurz vor dem Ende der Sommerferien flatterte ein Brief vom Bezirksamt in unsere Neuköllner Wohnung. Meine Eltern hatten es versäumt, mich nach unserem Weggang aus Lankwitz an einer weiterführenden Schule anzumelden. In dem Brief teilte die Behörde meinen Eltern mit, dass ihre Tochter Hatice ab dem neuen Schuljahr an einer Hauptschule zu erscheinen hatte.

Eine Hauptschule in Neukölln – diejenigen, die sich im Kiez auskennen, wissen spätestens jetzt Bescheid. Den übrigen ist mit Sicherheit die Rütli-Schule ein Begriff. Mitte der 2000er verfassten die Lehrer der Schule einen Brandbrief und schilderten, wie es in ihren Klassenzimmern zuging. Es war die Rede von Mobbing, Gewalt gegen Lehrer, eingetretenen Türen, Prügeleien und auch mal Messerstechereien auf dem Schulhof. Die Geschichte ging durch die Medien: *Prügeln statt Pauken, Dynamik der Gewalt* oder *Kampf um die Klassenzimmer* – für solche Schlagzeilen waren sich die Zeitungen nicht zu schade. All das hätte man schon damals auch über die Hauptschule schreiben können, die ich besuchte, aber zu der Zeit galt Neukölln, zusammen mit ganz Berlin, noch nicht als Brennglas der Gesellschaft.

Als meine Eltern mir sagten, dass ich von nun an auf die Hauptschule gehen würde, war das für mich ein solcher

Schock, dass ich spontan in Tränen ausbrach. Und ich war wirklich keine Heulsuse. Trotzdem war ich als Dreizehnjährige felsenfest davon überzeugt, dass die Hauptschule der Freifahrtschein in den sozialen Abstieg war. Welche Konsequenzen das für mein Leben haben würde, stand für mich fest: Zur Hauptschule gingen nur die Opfer, die Idioten, die, aus denen nichts werden würde. Die Rechnung, die selbst die kleine Hatice mit ihren Problemen in Mathematik zu Ende rechnen konnte, lautete: Hauptschule = Versagerin. Noch eine einfache Gleichung. Bis heute ist mir unbegreiflich, wie man es für eine gute Idee halten kann, Kinder so früh wie möglich zu vermessen, zu beurteilen, zu kategorisieren und dann auszusortieren: die Guten ins Töpfchen, die Schlechten ins Kröpfchen. Ich jedenfalls landete definitiv im Kröpfchen.

In freier Wildbahn

Was also tun, wenn andere dich abstempeln? Du zeigst ihnen den Mittelfinger. Und genau das tat ich – dachte ich jedenfalls. An meinem ersten Schultag, ich hatte gerade erst den Fuß auf den Pausenhof gesetzt, kam ein Mädchen zu mir rüber, um mir zu verkünden, dass ihre Leute mich demnächst zusammenschlagen würden. Damals fragte ich mich noch, was ich getan hatte. Heute weiß ich: Es gab keinen bestimmten Anlass. Es ging einfach nur darum, mir zu zeigen, wer an dieser Schule das Sagen hatte. Man kann sich sicher vorstellen, dass die ersten Tage an meiner neuen Schule – Achtung, Euphemismus! – eher ungemütlich waren. Wenn man jederzeit damit rechnen muss, von einer Horde wütender Mädchen verprügelt zu werden – auf dem Flur, auf den Toiletten, auf dem Weg nach Hause –, dann ist das wenig motivierend.

«Die Leute» des Mädchens hatte ich natürlich längst ausgemacht. Sie standen in der Nähe des Raucherschirms, waren nicht zu überhören und zu übersehen erst recht nicht. Eine von ihnen, etwas älter als die anderen, war ganz klar die Anführerin. Sie kleidete und gab sich wie die harten Jungs an der Schule, trug weite Jeans von Picaldi, Shirts oder Hoodies von Nike, Diesel und Carlo Colucci – es war der Style der Zweitausender, nichts war angesagter als Markenklamotten. Schaut euch einfach mal ein Video von Capital Bra an, dann wisst ihr, was ich meine – so wie der heute rumläuft, liefen die Jungs schon damals rum. In den ersten Tagen hatte ich eine Heidenangst und beobachtete sie aus sicherer Entfernung so unauffällig wie möglich – bloß keinen Blickkontakt aufnehmen!

Wenn Menschen sich in einer Gefahrensituation wiederfinden, haben sie die Wahl zwischen zwei möglichen Reaktionen: 1. Erstarren und sich verkriechen, oder 2. aggressiv werden und sich verteidigen. Beides dient dem Überleben, beides kann funktionieren – wenn man in der Steinzeit lebt, irgendwo in freier Wildbahn unterwegs ist und sich vor einem Raubtier in Sicherheit bringen muss. An der Schule, die ich besuchte, das wurde mir ziemlich schnell klar, war Ersteres keine Option. Denn eine Schule ist nicht die freie Wildbahn, sie ist vielmehr ein Käfig voller Häschen, die ziemlich überzeugend so tun, als wären sie Raubtiere. Man kann sich weder in einem Klassenzimmer noch auf einem Schulhof wirklich verkriechen, und so war es auch an meiner Schule: Wer Schwäche zeigte, der rutschte in der Rangordnung ganz schnell nach unten, bezog von morgens bis abends Prügel und musste sich am laufenden Band Beleidigungen anhören. Hier ein Tritt in die Kniekehle, da ein fester Schlag auf den Hinterkopf, gepaart mit einer so freundlichen Ansprache wie: «Du Fotze, du Hure, ich fick deine Mutter.» Das war meine Realität, und ich hatte die Wahl: Entweder ich gehörte zu denen, die austeilten, oder zu denen, die einsteckten, Tag für Tag, für die nächsten vier Jahre.

Gegenüber meinen Eltern und meinen Geschwistern verlor ich über die Situation an der Schule kein Wort. Es ging mir nicht darum, etwas zu verheimlichen oder die Starke zu mimen, es wäre mir einfach nicht in den Sinn gekommen, bei

meiner Familie Rat zu suchen. Die Schule war mein Lebens-
bereich, um den ich mich zu kümmern hatte. Und als es so
weit war und die Mädchen mich umzingelten, tat ich genau
das. Ich kümmerte mich darum.

R. E. S. P. E. C. T.

Es muss etwa 14 Uhr gewesen sein, als wir im Park auf die anderen trafen. Wir, das waren fünfzehn Mädchen, die sich ansonsten auf dem Schulhof zusammenrotteten und gemeinsam die Zeit totschlugen, das taten, was man eben so tut, wenn man mitten in der Pubertät steckt. Die anderen, das waren Mädchen von einer anderen Schule aus Neukölln, die in etwa das Gleiche durchmachten wie wir, aber das interessierte uns herzlich wenig. Für uns ging es nur darum, das Gesicht zu wahren. Eine von den anderen hatte eine aus unserer Gruppe als Schlampe bezeichnet. Warum? Das wusste keiner so recht. Es hätte alles sein können. Vielleicht hatte sie ein bisschen zu viel Haut gezeigt: Schlampe. Vielleicht hatte sie an einer Zigarette gezogen: Schlampe. Vielleicht wurde sie mit einem Schulfreund auf der Straße gesehen: Schlampe. Vielleicht hatte sie aber auch nichts dergleichen getan, und die andere hatte einfach unter Beweis stellen müssen, wie hart sie war. Wer wusste das schon so genau? Einfach stehenlassen konnten wir die Beleidigung aber unter keinen Umständen, denn das hätte bedeutet, Schwäche zu zeigen, hätte geheißen, dass sich das Gerücht, sie sei eine Schlampe, womöglich verbreitete, einem Verwandten zu Ohren kam und damit definitiv auch der eigenen Mutter.

Also hauten wir dort im Park die ersten Drohungen und

Beschimpfungen raus: «Du Hure! Du ehrlose Fotze! Fick dich, du Schlampe!» Jedwede Kombination mit dem Wort Ficken stand hoch im Kurs. Wir krempelten die Ärmel unserer Nike-Pullover auf, ballten die Fäuste, und schon landete die erste einen Treffer. Was als Handgemenge anfing, steigerte sich schnell zu einer veritablen Prügelei mit allem, was dazugehört: Schubsereien wurden abgelöst von Faustschlägen – in die Magengrube und ins Gesicht –, bis die andere zu Boden ging. Wir Mädchen prügelten uns ebenso, wie die Jungs sich prügelten. Die meisten spürten keinen Schmerz. Und das ist nicht metaphorisch gemeint. Bevor es zur Sache ging, gönnten sich viele der Mädchen Tilidin, an das man zu meiner Zeit so leicht rankam wie an Alkohol oder Zigaretten. Das Zeug entfaltet innerhalb von wenigen Minuten ein Gefühl, als ginge man auf Wolken. Also genau das, was die meisten wollten. Gut, es verursacht auch Schwindel – nicht wenige übergaben sich nach der Kraftanstrengung – und macht hochgradig abhängig, aber so what … man schmiss es ein und teilte aus.

Ihr Handwerk hatten diese Mädchen, ausnahmslos, zu Hause von ihren Müttern, manche auch von ihren Vätern gelernt, und obwohl ich aus einem reichen Erfahrungsschatz hätte schöpfen können, beteiligte ich mich so gut wie nie an solchen Schlägereien, da ich nach der Schule pünktlich zu Hause auf der Matte stehen musste, denn sonst fing ich mir dort genau das ein, was hier ausgeteilt wurde.

Nach außen gab ich trotzdem die Toughe, mit der man sich besser nicht anlegte, war immer auf 180, immer bereit, die verbale Keule auszupacken oder wenn nötig die Fäuste. Wenn ich heute Mitschülern von damals begegne, dann bekomme ich nicht selten zu hören: «Du warst so ein Biest» oder «Du warst so direkt, aber auch sehr hart mit deinen Mitmenschen und mit dir selbst». Es war eine eklige Zeit, in der es von morgens bis abends nur darum ging, nicht unterzugehen.

Wie die meisten Kämpfe endete auch dieser mit blutigen Lippen, hier und da mit einem gebrochenen Kiefer und einer gebrochenen Nase, letztlich nichts Schlimmes. Alles wie immer. Einfach weitermachen.

Neukölln, meine Perle

Für viele Kinder in Neukölln standen solche Kämpfe jahrelang auf der Tagesordnung, aber nicht für mich. Ich lernte schnell, wie die Mechanismen in der Gruppe funktionierten, und erkämpfte mir einen gewissen Rang, sodass mir meine Tatenlosigkeit und das Heraushalten als überlegene Lässigkeit ausgelegt wurden und die anderen lieber die Finger von mir ließen. Dazu trug sicher auch der Schlagstock bei, der zwischen meinen Schulbüchern in meinem Rucksack steckte und den ich bei Bedarf eingesetzt hätte. Mein Alltag hatte sich gefühlt mit einem Wimpernschlag an die neuen Begebenheiten angepasst: Ich stand früh auf, zog meine Uniform an – weiter Pulli, Picaldi Jeans und Nike TN –, fuhr mit dem Bus ein paar wenige Stationen bis zu meiner Haltestelle, grüßte meine Leute auf dem Schulhof und setzte mich lustlos auf einen Platz in dem räudigen Klassenzimmer, das am Ende eines noch räudigeren Ganges lag.

In der Klasse waren wir etwa zwanzig Schüler, die in regelmäßiger Unregelmäßigkeit in der Schule auftauchten, und jeder von uns hatte ein dickes *FICK DICH!* auf der Stirn stehen, sobald der Lehrer den Raum betrat und den Versuch unternahm, seinem Beruf nachzugehen und uns etwas beizubringen. Ich war nicht alleine mit meiner Denke, dass die Hauptschule die Endstation war. Mit der Schule hatten die meisten in meiner Klasse schon abgeschlossen, noch bevor sie einen Fuß in das Gebäude setzten. Wir waren der Bodensatz der Gesellschaft. Wir waren Nullnummern, Versager, die, von denen niemand mehr irgendetwas erwartete, außer vielleicht, dass sie irgendwann an der Supermarktkasse Einkäufe über den Scanner zogen, so dachten wir jedenfalls. Man würze das Ganze mit Elternhäusern, in denen das Kind, das da gerade zur Schule ging, das erste aus der Familie war, das überhaupt eine Schule besuchte, mische noch etwas häusliche Gewalt und prekäre Lebensverhältnisse hinzu: Et voilà! Kaum verwunderlich, dass wir eher selten mit mathematischen Gleichungen rangen oder uns einen verbalen Schlagabtausch über philosophische Fragen lieferten, sondern auch innerhalb der vier Wände des Klassenzimmers anderweitig beschäftigt waren. Wer etwas auf sich hielt, der riskierte eine dicke Lippe, pöbelte und ließ sich von der Niete am Lehrerpult schon mal gar nichts sagen.

Alle paar Tage eskalierte die Situation, und was sonst nur verbale Machtkämpfe waren, kippte. Zwischen einer Ermahnung, einem Tadel und einer handgreiflichen Auseinandersetzung verlief ein schmaler Grat. Kaum ein Tag verging, an dem nicht irgendetwas durch das Klassenzimmer flog und die Frau oder den Mann hinterm Pult nur knapp verfehlte. Mein Chemielehrer wurde von einem Mitschüler verprügelt, während wir auf unseren Plätzen saßen und uns amüsierten. Wie oft ich meinen Lehrern Begriffe wie «Fotze», «Hurensohn» oder Ähnliches an den Kopf geworfen habe, um den anderen etwas zu beweisen – ich weiß es nicht mehr. Was wir uns in diesem Klassenzimmer erlaubten, was wir dort austrugen, darüber kann ich heute nur noch den Kopf schütteln und hysterisch lachen, so absurd war das Ganze. Da war zum Beispiel Klaus, der im Physik-Unterricht in der letzten Reihe regelmäßig einen Joint durchzog. Oder Yousef und Akin, die die Füße auf den Tisch legten und sich während des Unterrichts demonstrativ miteinander unterhielten. Von Zeit zu Zeit lieferten wir uns wilde Papierschlachten mit dem Lehrer, manchmal flog nicht nur Papier. Ich sage euch: Zero Respect!

Das alles blieb natürlich nicht ohne Folgen. Mehrfach standen die Lehrer bei uns zu Hause in der Sonnenallee auf der Matte und führten ernste Gespräche mit meinen Eltern, über ihre Tochter, die so aggressiv und nicht zu bändigen war. Meine Mutter reagierte auf diese Besuche wie üblich mit Wut. Sie schrie und schlug – und eines Tages hatte ich die Schläge so satt, dass ich die Faust ballte, um mich zu wehren. Ich ertrug es einfach nicht mehr, ich drückte meine Stirn gegen ihre, hob die Faust, war bereit zuzuschlagen. Aufgeschreckt von dem Gebrüll meiner Mutter stürzte mein Bruder herein, sah, was los war, packte mich und warf mich quer durch die Küche ins Schlafzimmer. Noch Jahre später schämte ich mich für das, was ich fast getan hätte, aber heute weiß ich, dass ich einfach verzweifelt war. Trotzdem: Nichts, kein einziger ihrer Schläge, konnte mich so hart treffen wie der traurige Blick meines Vaters, wenn wir nach einem dieser zahlreichen Besuche beim Abendessen zusammensaßen. Ich wusste, dass ich ihn enttäuschte.

Als er Ende der sechziger Jahre mit seinen Geschwistern auf den Straßen Neuköllns gestrandet war, war er weitgehend ungebildet. Er konnte kaum lesen oder schreiben, verstand kein Wort Deutsch und hatte erst Tage zuvor das erste Mal einen Fuß in eine Metropole gesetzt. Trotz dieser widrigen

Startbedingungen hatte er eine Ausbildung abgeschlossen, eine Familie gegründet und führte schließlich seine eigene Werkstatt. In den Augen meines Vaters verspielte ich alles, wofür er so hart gearbeitet hatte, aber wir sahen nicht das Gleiche. Er sah, dass ich die Chance auf Bildung hatte, die ihm verwehrt geblieben war. Ich sah nur die Sackgasse, in der ich mich befand. Nachts träumte ich wieder davon, dass ich auf der Stelle trat, sah dabei zu, wie mir alle anderen davonliefen, strampelte immer schneller mit den Beinen, aber ich hing fest. Und die Tage? Die unterschieden sich nicht wirklich von den Nächten. Ich konnte nicht anders, konnte nicht aus dieser Haut, von der ich das Gefühl hatte, andere hätten sie mir übergestreift. Es sollte noch einige Zeit vergehen, ehe ich verstand, dass man den anderen nicht den Mittelfinger zeigt, indem man die Rolle, die sie einem zuschreiben, ausfüllt. Aber bis dahin kämpfte ich mich weiter mit meinen Mitschülern durch Neukölln, trieb mich, wann immer ich eine Entschuldigung dafür fand, auf der Straße rum. Nach Hause wollte nach der Schule keiner von uns. Zu Hause warteten Arbeit, Prügel, Erniedrigung. Täglich saß wieder einer mit geprellten Rippen, aufgeplatzter Lippe oder Cut im Klassenzimmer – Jungs oder Mädchen, ganz egal. Ich erinnere mich an Fatih, der stotterte und über dessen Schädel sich eine lange Narbe zog, weil sein Vater einen Stuhl auf seinem Kopf zertrümmert hatte. Ich erinnere mich an Nabila, die mit einem blauen Auge zur Schule kam, ob ihr Freund oder ihr Vater dafür verantwortlich war – wir wussten es nicht. Die einen fingen sich die Prügel zu Hause ein, die anderen auf der Straße, es machte kaum einen Unterschied. Überwachen und bestrafen – das war die Methode des Regimes, das in vielen

Häusern in Neukölln herrschte und das wir Kinder auf der Straße nachspielten.

Dann traf ich Samir, und für einen kurzen Moment hatte ich den Eindruck, mich freier bewegen zu können, als ob ich nicht mehr kämpfen müsste, die Beine ausruhen könnte, als hätte ich festen Boden unter den Füßen. Es war ein trügerisches Gefühl, und das alte Regime wurde nur abgelöst durch ein neues.

Teenager-Liebe

Es war einer dieser Tage, an denen ich keine Lust verspürte, nach Hause zu gehen, also traf ich mich mit meiner Cousine, was meine Mutter gewöhnlich immer erlaubte. Wir trieben uns in der Nachbarschaft herum, in der Ecke vom Hertzbergplatz, wo sich nach der Schule alle versammelten: die Jungs und Mädchen, die nicht nach Hause wollten, die Schulschwänzer, die Abbrecher und solche, die es werden wollten, die halbstarken Zigarettenschmuggler und die ganz harten Jungs, die Mädels mit Kopftüchern in den langen Kleidern und die mit den gemachten Fingernägeln, den dicken Lagen Schminke und den weitaus kürzeren Kleidern.

Ich hatte ihn schon mehrfach aus dem Augenwinkel beobachtet, wenn ich mit den anderen vorbeistromerte, und ich wusste, dass er mich auch beobachtete. Er hieß Samir, war etwas älter als ich und hatte, wenn man den Gerüchten Glauben schenken konnte, eine weiße Weste – anders als die meisten Jungs, die ich damals kannte und die schon recht früh anfingen, in die Kriminalität abzurutschen. Am Anfang machten sie meist nichts Wildes, schmuggelten Zigaretten, übernahmen kleine Botengänge. Es war schnell verdientes Geld, und sie waren ganz heiß darauf, um die Kohle gleich wieder für Markenklamotten zu verballern. Und so ging es dann weiter. Nach den Botengängen kamen die Raubüberfälle, und plötzlich hatten sie eine Waffe und wurden vor den Augen verschreckter Abc-Schützen von der Polizei aus dem 241er gezerrt, an die Wand gepresst, durchsucht und abgeführt. Was oder ob sie etwas verbrochen hatten, fanden wir meist nie heraus.

Samir war mir wegen seiner schönen dunklen Haare aufgefallen, die er stilecht im Boxer-Schnitt trug – oben länger, an den Seiten abrasiert –, und weil er so eine lässige Ausstrahlung hatte. Als ich an jenem Tag an ihm und seinen Jungs vorbeilief und dann mit den Mädels zusammenstand, kam mein Freund Adrian rüber, der zufällig auch Samirs bester Freund war, und meinte, Samir fände mich ganz süß. Ich schwebte natürlich sofort auf Wolke sieben. Bei unserer ersten Verabredung drückten wir uns im Schatten eines Hauseingangs in der Nachbarschaft herum, um ja nicht gesehen zu werden, und unterhielten uns. In den nächsten Wochen bot ich meiner Mutter abends sehr viel bereitwilliger an, Besorgungen für sie zu erledigen, und verabredete mich weit häufiger mit meiner Cousine, um mich auf dem Hin- oder Rückweg mit Samir zu treffen. Irgendwann fragte ich ihn, ob wir zusammen seien, und das waren wir dann.

Mit der Zeit wurden wir kreativer. Wir verabredeten uns zum Spazierengehen. Das bedeutete nicht, dass wir locker durch die Straßen Neuköllns flanierten und verliebte Blicke austauschten. Stattdessen trafen wir uns am S-Bahnhof Sonnenallee, wie wir es in den folgenden Jahren noch so oft tun würden, und stiegen getrennt voneinander in eine der Ringbahnen. An der Haltestelle Treptower Park und nachdem wir uns vergewissert hatten, dass keiner unserer Verwandten in der Nähe war, fassten wir einander an der Hand und spazierten durch den Park. Es war eine echte Teenager-Liebe, gesalzen mit der Naivität, mit der man als Teenager das Leben betrachtet, denn natürlich waren wir uns sicher, dass wir heiraten würden, natürlich würden wir für immer zusammenbleiben und natürlich wussten nur wir, was das Richtige für uns war: wir gegen den Rest der Welt.

Das alles hatte Züge eines verrückten Räuber-und-Gendarm-Spiels – anfangs aufregend, später nur noch anstrengend. Lange Jahre war ich streng darauf bedacht, diesen Bereich meines Lebens vor meinen Eltern und meinen Verwandten geheim zu halten. Einen Freund zu haben, das hätte mir meine Mutter nie erlaubt, da war ich mir sicher. Ich hatte schließlich miterlebt, welche Kämpfe meine große Schwester ausfechten musste, wie hart meine Mutter mit ihr ins Gericht gegangen und wie enttäuscht mein Vater von ihr gewesen war, als sie sich nach langen Jahren dazu durchrang, die Beziehung zu ihrem Freund nicht länger geheim zu halten. Dabei war es die Angst vor genau dieser dramatischen Reaktion unserer Eltern gewesen, vor Zurückweisung, Enttäuschung, Wut und Ablehnung, die dazu geführt hatte, dass Ceylan ihnen nichts von ihrer Beziehung erzählt hatte, dass Hülya sich nichts von ihnen sagen ließ, als sie ihren zukünftigen Mann kennenlernte, und ich viele Jahre eine destruktive Beziehung führte, ohne ein Wort darüber zu verlieren.

In den Augen unserer Eltern waren wir zu jung, zu unerfahren und zu wankelmütig, um eine Beziehung einzugehen. Meine Mutter hatte panische Angst davor, dass zwischen mir und einem potenziellen Freund mehr passieren könnte als Händchenhalten und Spazierengehen – was unsere Beziehung in den ersten Monaten tatsächlich recht treffend beschreibt.

Wir waren Teenager – neugierig, das ja, aber ich war auch eingeschüchtert von dieser neuen Welt, die sich mir eröffnete: Liebe, Sex, Zärtlichkeiten, das waren Tabuthemen, über die zu Hause nur in Verboten und wie von einer ansteckenden und tödlich verlaufenden Krankheit gesprochen wurde. Leichtigkeit und Glück kamen in diesen Erzählungen nicht vor. Blicke austauschen? Nächster Halt: wilder Sex. Händchenhalten? Nächster Halt: wilder Sex. Zusammen ins Kino gehen? Nächster Halt: wilder Sex. Was den Umgang von Jungs und Mädchen im Teenager-Alter betraf, war die Phantasie meiner Mutter recht begrenzt. Jedweder Kontakt führte in ihren Augen zu dem einen und nur zu dem einen. Natürlich ging ihre Horrorvision noch weiter. Für sie stand mehr auf dem Spiel als meine Unschuld, für sie ging es um nicht weniger als meine Zukunft, darum, dass ich als beschmutzt angesehen würde, als B-Ware, und damit schlecht vermittelbar an einen zukünftigen Ehemann. Dabei hätte sie sich keine Sorgen um mich machen müssen. Die Vorstellungen und Ängste unserer Eltern waren ja längst auf uns Kinder übergegangen. Sonst hätte das Wort Schlampe nicht für so viel Aufregung unter uns Jugendlichen gesorgt. Sonst hätte ich mich nicht so schmutzig gefühlt, als ich das erste Mal meine Tage hatte, so schmutzig, dass ich der Ansicht war, die Tatsache drei Jahre lang geheim halten zu müssen. Drei Jahre, in denen ich mich nicht traute, meinen Vater um Geld für Binden zu bitten, geschweige denn mir Binden zu kaufen. Und sonst hätte ich sicherlich nicht all das mit mir machen lassen, was im Laufe der sieben Jahre geschah, die ich mit Samir zusammen sein sollte. So aber, wie es war, beugte ich mich dem Druck aus den verschiedenen Welten, die ich glaubte, bedienen zu müssen, spielte unter größter Anstrengung weiter die Rollen, die man mir zudachte. Auf der einen Seite: Tochter und zukünftige Ehefrau, auf der anderen: türkisches Ghettokind.

Ich frage mich, wie meine Jugend verlaufen wäre, wenn meine Eltern nicht so viel Angst gehabt hätten. Wenn sie mir vertraut und mit mir gesprochen, sich mit mir gestritten hätten, wie wir es heute tun, wenn wir nicht einer Meinung sind. Ich frage mich, was für meine Geschwister und mich möglich gewesen wäre, wenn wir ihnen klare Ansagen gemacht hätten. Oder wenn sie mir erklärt hätten, dass sie sich Sorgen machten, ich könne etwas tun, das ich später bereuen würde. Wenn ich mit meinen Zweifeln und Problemen zu ihnen hätte kommen können, in der festen Überzeugung, dass sie mir zuhören, mir helfen würden. Vielleicht hätte ich meine Mutter dann gefragt, ob es in Ordnung war, dass Samir mir jeden Tag neue Vorschriften machte. Mir sagte, was ich anzuziehen hatte, mir erklärte, wer für mich ein guter Umgang war und wer nicht. Mir vorschrieb, den Blick gesenkt zu halten. Vielleicht wäre ich mit meinen Sorgen zu ihr gekommen. Aber nein. Diese Familie waren wir nicht, diese Familie mussten wir erst noch werden. Es herrschte eine tiefe Sprachlosigkeit zwischen uns. Eltern und Kinder kämpften an ihren eigenen Fronten. Mein Vater kämpfte in seiner Werkstatt darum, uns Kindern ein Leben zu ermöglichen, das er sich als kleiner Junge nicht mal hätte vorstellen können, meine Mutter kämpfte darum, unter der Last des Alltags und in unseren vier Wänden nicht zu ersticken, und wir Kinder kämpften darum, von dem Druck, der auf uns lastete, nicht erdrückt zu werden, alle mit ihren eigenen Mitteln.

Die Worte, die die Welt bedeuten

Anfangs dachte ich, dass die Beziehung zu Samir ein Schlupfloch für mich wäre, um aus den Zwängen meines Alltags herauszukommen. Es fühlte sich so an, denn dass ich jetzt einen Freund hatte, einen, mit dem nicht zu spaßen war, sprach sich an der Schule schnell herum. Plötzlich begegneten mir die anderen zurückhaltender, achteten mehr darauf, wie sie sich mir gegenüber äußerten. Ich stand nun unter Samirs Schutz, und wer etwas gegen mich sagte, der beleidigte damit auch ihn. An der Schule begleitete mich mein bester Freund Adrian fortan wie eine Art Bodyguard. Natürlich war er nicht nur dazu abgestellt, mich zu beschützen, sondern auch, um mich im Auge zu behalten. Wir verbrachten sowieso schon eine Menge Zeit miteinander, und ich liebte seine schelmische Art und die naive Leichtigkeit, mit der er jedem begegnete. Adrian war damals schon riesig, bestimmt 1,80 Meter, und noch dazu ziemlich bullig – neben ihm muss ich mit meinen 1,51 Metern ausgesehen haben wie ein Winzling. Gemeinsam hatten wir in meinen schlimmsten Zeiten an der Schule eine Menge Unfug getrieben: Wir schwänzten den Unterricht, kamen und gingen, wie es uns passte, und verließen unerlaubt das Schulgelände, um rumzulungern und uns mit Freunden zu treffen. Doch damit war jetzt Schluss.

Stück für Stück rutschte ich aus der Gang heraus, mit der

ich sonst meine Zeit verbrachte. Es fühlte sich an, als würde eine schwere Last von mir abfallen. Endlich stand ich nicht mehr im Ring, musste nicht mehr kämpfen. Ich genoss diese scheinbare Freiheit. Vor mir öffnete sich ein Raum, den ich selbst gestalten konnte.

Die Pausen verbrachte ich immer häufiger alleine in der Kantine oder mit Adrian. Um die Zeit totzuschlagen, las ich in den Zeitungen, die an der Schule auslagen. Las viel über das tages- und lokalpolitische Geschehen. Mit dem Tagespiegel und der Berliner Zeitung fing ich an. Ich erfuhr eine Menge über Neukölln, auch über unsere Schule, und bekam mit, wie der Kiez von denen beurteilt wurde, die nicht dort lebten. Eines Tages schlug ich die Zeitung auf und mein Schulleiter blickte mir ernst entgegen – vor ihm ein Tisch voller Waffen, die über die Jahre hinweg an unserer Schule konfisziert worden waren. Darüber prangten in dicken Lettern die Worte: *Angst, Waffen, Schlägergangs*. Viele von uns fühlten sich damals von dem Artikel in ihrem Verhalten bestätigt. Das war geil, gangstermäßig, ein Aushängeschild unserer Street-Credibility und eine Warnung an die Leute von den anderen Schulen: Mit uns legte man sich besser nicht an. Das dachten die Schüler. Einige Eltern waren anderer Ansicht und nahmen ihre Kinder von der Schule.

Mit der Zeit wurde ich offener für das, was um mich herum geschah. Das lag nicht nur daran, dass ich mehr las. Ich hatte durch meinen Freund den Rücken frei, nahm die fortschreitende Isolation, in die er mich hineinmanövrierte, als Freiraum wahr. Mit Samir bekam ich das, wonach ich mich so lange gesehnt hatte: Zeit und Raum für mich. Alleine fühlte ich mich nicht, denn ich hatte ja ihn und mit seinen Regeln und Verboten war er immer bei mir. Doch je mehr ich las, desto mehr weitete sich auch mein Blick für die Welt, selbst wenn ich vieles damals nicht gleich verstand. Eines Morgens saß ich mit meiner Schwester am Frühstückstisch und las einen Artikel über die Zusammenlegung von Arbeitslosengeld und Sozialhilfe. In der Schlagzeile war von Hartz IV die Rede, und ich fragte meine Schwester, ob sie etwas über dieses Hartz-i-vau wisse. Meine Schwester sah mich verwirrt an, doch sobald ich ihr die Schlagzeile zeigte, lag sie lachend unterm Tisch. Ich hatte keine Ahnung, dass die Buchstaben IV römische Ziffern waren, es also um Hartz 4 ging. Gott, war mir das peinlich!

Solche Dinge sollten mir noch oft passieren, und nicht selten dachte ich, ich würde es nie begreifen, ich sei einfach nicht intelligent genug. Immer wieder machte ich mich selbst klein, aber nach und nach begann ich zu verstehen. Ich hatte meine Kindheit und Jugend damit zugebracht, den Leuten um mich herum zu demonstrieren, wie scheißegal mir alles war. Ich hatte eine Mauer um mich hochgezogen, sodass meine Welt Stück für Stück zusammenschrumpfte, und mein Denken ebenso durchsetzt war von Urteilen und Vorurteilen – über mich und über andere – wie das der Menschen, denen ich zu Hause, im Klassenzimmer und auf Neuköllns Straßen begegnete. Vage begann ich zu begreifen, dass ich diese Mauer einst aus einem guten Grund errichtet hatte. Sie sollte mich vor den Urteilen der anderen schützen. Doch jetzt stieß ich mich an ihr. Und was früher einen Zweck erfüllt hatte, hinderte mich nun daran, zu wachsen und meinen eigenen Weg zu gehen. Ein leiser Zweifel stieg in mir auf, dass die begrenzte Welt, in der ich mich bewegte, alles war, was es für mich geben sollte.

Ärger im Paradies

Wo warst du?», schallte es durchs Handy. Ich verstand nicht. Ich hatte es ihm doch schon gesagt. Zu Hause! Wo auch sonst. Aber meine Antworten waren Samir egal. Er hatte mich nicht erreicht, unterstellte mir, ich würde ihn belügen, ich träfe mich mit einem anderen. Und dann fiel zum ersten Mal das Wort, dieses Wort, das niemand zu mir sagen durfte, ohne sich Prügel einzufangen, das mein Freund mir aber, ohne zu zögern, an den Kopf warf. Der Junge, der mit mir händchenhaltend durch den Park spazierte, der mit mir zu Pizza Hut ging, weil ich Pizza Hut liebte, und mit dem ich im Winter drei Kinofilme am Stück geschaut hatte, weil es draußen zu kalt war und wir einfach nur zusammen sein wollten. «Du ehrlose Hure, du triffst dich mit einem anderen!» Ich war wie vor den Kopf gestoßen, aber ich verteidigte mich nicht. Irgendwo tief in meinem Inneren schwankte ich. Dies war mein Freund, der Mann, den ich heiraten würde, etwas anderes kam nicht in Frage. Ich konnte ihn nicht verlassen. In mir hatte sich die Vorstellung festgesetzt, ich wäre beschmutzt, wenn ich ihn verlassen würde, dass mich dann niemand mehr haben wollte, dass ich in den Augen der anderen genau die Hure wäre, als die er mich bezeichnete. Es gab keinen Ausweg aus dieser Falle: Egal wie ich mich entschied, ich würde eine Schlampe sein, also hielt ich den Mund, weil ich Angst hatte, ganz alleine dazustehen, wenn er mich verließ.

Eines Tages saßen wir zusammen in der Bahn Richtung Treptower Park – meinen Blick hielt ich längst gesenkt –, als er vollkommen ausrastete. «Was guckst du meine Frau an?» Das war der erste Satz. Der Typ, der mir gegenübersaß, fiel aus allen Wolken, beteuerte, mich nicht angesehen zu haben, aber da ging Samir schon wutschnaubend auf ihn los, schlug auf ihn ein, während ich mit gesenktem und hochrotem Kopf dasaß und einfach nur hoffte, dass es vorbeiging, dass er sich beruhigte. Aber das tat er nie.

Also duckte ich mich unter seinen Worten und seiner Wut weg, als wäre es normal. Und in gewisser Weise war es das für mich auch. Auf dem Schulhof tauschte ich mich mit den anderen Mädels nicht darüber aus, wie schön das letzte Treffen mit meinem Freund gewesen war, sondern darüber, welcher Freund was erlaubte und was nicht. Es ging uns nicht darum, Ungerechtigkeiten ausfindig zu machen. Wir bewegten uns ganz selbstverständlich in diesen Gefängnissen, die viele von zu Hause kannten und die für viele die einzig vorstellbare Zukunft waren. Für mich ja lange auch. Doch dann kam der Tag, an dem alles anders werden sollte. Ein Teil von mir wünscht sich, ich hätte das alles nie miterleben müssen, ein anderer weiß, dass alles seinen Sinn hat.

Neue Welt

An dem Tag, an dem sich für mich alles änderte, geriet Adrian in einen Streit. Es war sicherlich nicht das erste Mal, aber dieser Streit sollte fatale Folgen haben.

Wer nie an einer Neuköllner Hauptschule war, der kann sich vielleicht nicht vorstellen, wie wir miteinander umgingen, und für einen Außenstehenden mag der Humor, mit dem wir Schüler einander begegneten, nicht wie eine Form von Humor, sondern eher wie eine Aneinanderreihung von derben Beschimpfungen gewirkt haben. Doch wie so oft im Leben kam es auch hier auf den Kontext an. Auf dem Schulhof flogen die immer gleichen Phrasen hin und her: «Ich fick deine Mutter. Du Hurensohn.» Gefolgt von einem abwiegelnden Grinsen. «Spaß!» Schulterklopfen, ein Schlag auf den Hinterkopf. Weitermachen.

Adrian war ein echter Clown, naiv – wie so viele Jungs in seinem Alter –, jung und dumm. Und aggressiv: immer unter Strom, immer auf dem Sprung, von null auf hundert, wenn nötig, und manchmal auch auf mehr. Doch der Grat zwischen Spaß und Ernst war schmal, dessen waren wir uns alle bewusst, und es war wichtig, seine Worte, so grob sie auch sein mochten, mit Bedacht zu wählen. An jenem Tag schätzte Adrian diesen Grat falsch ein, und was daraus folgte, war katastrophal.

Noch am Morgen geriet er mit einem Mädchen in Streit, um das die meisten Schüler einen großen Bogen schlugen. Rana gehörte einer der arabischen Großfamilien an, die in Neukölln ihren Geschäften nachgingen und mit denen man sich besser nicht anlegte. Anfang der 2000er konnte man bei einem Spaziergang durch die Flughafenstraße noch live dabei sein, wenn die Streitereien unter den Clans auf offener Straße in Messerstechereien eskalierten. Kriminalität und Gewalt lauerten sehr viel dichter unter der Oberfläche als heute, waren auf den Straßen sichtbarer. Rana galt als unantastbar, woran sich Adrian an jenem Morgen nicht störte. Wir standen in einer großen Gruppe zusammen, erste Pause. Ich las, die anderen trieben ihre üblichen Spielchen. Adrian war gut drauf, übermütig, balgte mit ein paar seiner Kumpels herum, riss seine Witzchen. Ich weiß nicht mehr, wie es kam, dass die Situation kippte, aber plötzlich sah ich die beiden Stirn an Stirn, wie zwei Stiere, rasend vor Wut, und hörte Adrian schreien: «Halt die Fresse, du Schlampe!» Und als hätte er damit nicht nur ihr eine Ohrfeige verpasst, sondern auch den Umstehenden, die die Szene wie gebannt beobachtet hatten, setzten sich ein paar Jungs in Bewegung und zogen die beiden auseinander. Schon hörte ich die Ersten flüstern, weil sie wussten, dass das nicht folgenlos bleiben würde. Ich fuhr Adrian an, was er sich dabei gedacht habe, doch er schüttelte nur stumm den Kopf, und als es zur nächsten Stunde klingelte, machten wir zwei, die wir sonst so lässig waren, uns mit einem mulmigen Gefühl auf den Weg zurück ins Klassenzimmer.

Aber so weit kamen wir gar nicht erst, denn aus den Büschen am Rande des Schulhofs stürmte ein Kerl auf uns zu, aufgepumpt bis oben hin. Er ballte die Fäuste und schlug Adrian, ohne auch nur ein einziges Wort mit ihm zu wechseln, mitten ins Gesicht, sodass der zu Boden fiel wie ein nasser Sack. Wie alt mag Adrian damals gewesen sein? Vierzehn, fünfzehn? Der Typ stand über ihm wie ein Berg, holte aus und trat ihm in die Magengrube. Einmal, zweimal … Aus dem Augenwinkel sah ich Rana, die angelaufen kam und versuchte, ihren Bruder zu beruhigen. Sie zerrte an seinem Arm, aber mit einer einzigen Bewegung holte er aus und schallerte ihr eine, dass sie sich kurz drehte wie eine Ballerina auf Spitze und dann bewusstlos auf dem Boden aufschlug. Um uns herum herrschte Stille – als wäre die Zeit stehengeblieben. Die Angst suppte klebrig über den Schulhof, keiner rührte sich. Wie erstarrt stand ich da und sah dabei zu, wie der Typ ein Messer aus der Jacke zog – ein absurd langes Messer, schoss es mir durch den Kopf – und es in das Kind rammte, das da vor ihm auf dem Boden lag und sich vor Schmerzen wand. Einmal, zweimal … Dann geriet Bewegung in die Menge. Zwei Lehrer rannten aus dem Gebäude, Polizeisirenen schallten durch die Straße. Der Typ versenkte das Messer im Gully und schlug sich wieder seitlich in die Büsche, von wo er gekommen war. Ich stand einfach nur da, konnte keinen Muskel rühren und starrte auf das Blut, das aus meinem Freund quoll, zitterte am ganzen Leib.

Es war nicht der erste Kampf, den ich gesehen hatte und in dessen Verlauf jemand eine Waffe gezückt und sie auch eingesetzt hatte. Aber was ich an jenem Tag erlebte, hatte eine andere Qualität, es war ein neuer Grad von Aggressivität, der nicht in mein Leben zu passen schien, und doch stand ich direkt daneben. Ich weiß nicht, ob irgendjemand von euch das kennt, dieses furchtbare Gefühl von Angst, das sich wie Schwerelosigkeit anfühlt, wie der Moment, wenn der Fahrstuhl losfährt und sich dieses komische Flattern im Magen breitmacht. Das Gefühl war mir nicht fremd, nur zog es sich diesmal scheinbar endlos in die Länge.

Für mich war an jenem Tag eine Grenze erreicht. Das war mir damals als Vierzehnjähriger natürlich nicht bewusst, wie es mir heute bewusst ist, aber ich erinnere mich an die Fassungslosigkeit, die Hilflosigkeit und an das Gefühl, mich übergeben zu müssen vor lauter Panik. An diese hämmernde Frage, die in meinem Kopf hin und her sprang: Das war doch nicht mein Leben, das war doch nicht ich, oder? Aber was unterschied mich noch groß von diesem Typ mit dem Messer in der Hand, von dem Mädchen, das ihren Bruder anrief und herbestellte, weil ihre Ehre durch ein dämliches Wort verletzt worden war, das wir inflationär benutzten und das nichts zu bedeuten hatte, rein gar nichts. Was unterschied mich von meinem Freund, der da auf dem Boden lag und blutete? Ich fühlte mich, als wäre ich Teil eines absurden Theaterstücks, bei dem wir alle unsere Rollen spielten, ohne dass es uns wirklich bewusst war, und als hätte sich für einen kurzen Moment ein Schleier vor meinen Augen gelüftet und ich hätte erkannt, dass alles nur ein irres Spiel war, bei dem ich nicht mehr mitmachen wollte, weil jemand anderes Regie führte, jemand anderes, nur nicht ich.

Damals war mir noch nicht klar, dass es dieser Moment war, der mich wachrüttelte, aber heute weiß ich, dass sich nach diesen schlimmen Minuten auf dem Schulhof alles veränderte. Nicht sofort, aber immer häufiger, fing ich an, mich zu fragen, was ich wollte, wie ich mir mein Leben vorstellte. Trotz der widrigen Umstände war ich noch immer eine Träumerin, die nach und nach begriff, dass es mehr brauchte als Wut, um diese Träume zu verwirklichen.

Adrian überlebte den Messerangriff und verbrachte mehrere Wochen im Krankenhaus. Als seine Wunden es wieder zuließen, kam er noch ein paarmal zur Schule. Aber er war nicht mehr der Junge, der vorher mein Freund gewesen war. Er sah noch so aus, aber jede Leichtigkeit war wie weggeblasen. Er brach die Schule ab, machte bei einigen krummen Geschäften mit, und wir sahen einander nur noch selten und wenn, dann zufällig. Wir grüßten einander, waren uns aber doch fremd. Schließlich verloren wir einander aus den Augen.

Zeit der Träume

Mein Leben in Neukölln veränderte sich unaufhaltsam. Weil ich mich veränderte. Weil wir alle uns veränderten. In der Rückschau mag es mir so scheinen, als sei es vor allem dieses eine Ereignis auf dem Schulhof gewesen, das den Wandel auslöste. Wahrscheinlicher ist, dass ich es mir heute gerne so erzähle, um es zu verstehen, es zu vereinfachen, mich zu orientieren – wie wir das manchmal eben tun. Aber an den Veränderungen waren viele Menschen beteiligt – Samir ebenso wie meine Geschwister; Serdar, der früh nach San Francisco ging und Fotos aus den USA schickte, die damit für mich in greifbare Nähe rückten; meine Lehrer, die mich nicht aufgaben; meine Schwester, die all ihren Mut zusammennahm und meinen Eltern ihren Freund vorstellte und die trotz aller Widerstände, Ängste und Einwände meiner Mutter standhaft blieb und ihren Freund heiratete. Meine Schwester Hülya, die ihr Abitur machte und sich für ein Studium der Pharmazie an Universitäten in ganz Deutschland bewarb; und meine Eltern, die diese Veränderungen ebenfalls nicht unberührt ließen. Meine Mutter wurde weicher und hinterfragte sich, und mein Vater nahm immer mehr Anteil am Leben seiner Kinder. Oder sah ich ihn plötzlich nur deutlicher?

Nach Jahren, in denen mir alles so fest und unumstößlich erschienen war, gerieten die Dinge in Bewegung, und eine

Zeit der Träume und Hoffnungen brach für mich an. Auch am Tag hörten die Träume nicht auf. Ich hatte so viele, dass ich sie heute kaum noch alle zusammenbekomme, und schon damals mussten es die ganz großen sein. Ich träumte zum Beispiel davon, eine Geschäftsfrau zu werden. Ich hatte zwar nicht wirklich eine Ahnung, was eine Geschäftsfrau tat, aber wenn ich Neukölln den Rücken kehrte, um auf dem Ku'damm an den Geschäften vorbeizubummeln oder die Auslagen in den Boutiquen des KaDeWe zu bestaunen, dann sah ich sie: Frauen in Chanel-Kostümen und auf ledernen Pumps, die schnellen Schrittes an den Schaufenstern vorbeiliefen, auf dem Weg zu ihrem nächsten Meeting. Die gekonnt in ein Taxi stiegen und ihre Aktentasche auf den Sitz neben sich stellten. Die einen raschen Blick auf die teure Uhr an ihrem Handgelenk warfen, um zu überprüfen, ob sie es noch rechtzeitig zu dem Geschäftsessen schafften. Diese Frauen bewegten sich mit ungezwungener Selbstverständlichkeit in einer Welt, die ich nicht kannte, waren immer auf dem Sprung, immer unterwegs.

Wenn ihr ein Kind der Neunziger seid, dann erinnert ihr euch vielleicht noch an die Werbung, in der eine blonde Frau mit wallender Mähne in Berlin in ein Flugzeug steigt, in London im Regen in bester Laune wieder zum Vorschein kommt, um entspannt und selbstsicher in die wartende Concorde zu springen und nach New York zu jetten, und von dort aus … Ja, wohin ging es für die Frau mit den perfekt gelegten Haaren danach? Nach Los Angeles, Sydney, Tokio?

Ich wollte wie diese Frauen sein, diese erfolgreichen, unabhängigen Frauen, denen die Welt offenstand. In meinen Träumen lebte ich in einem Land, in dem es immer warm war, in einem Haus aus Glas, ohne Mauern. Da gab es nichts, das den Blick verstellte, um mich herum nur Weite. Ich hatte keine Lust mehr, hinter Mauern zu leben, denen im Kopf – den Vorstellungen, nach denen ich mich richten sollte – und den echten – den engen vier Wänden unserer Wohnung. Immer klarer sah ich, dass ich, wenn ich nichts änderte, auf ein Leben zusteuerte, das dem meiner Mutter gleichen würde. Sie war so müde und traurig, wegen der vielen Dinge, die sie vermisste und die sie für dieses Leben hatte aufgeben müssen. Wir verstehen unsere Eltern oft erst, wenn wir älter sind.

Es anpacken

Ich setzte mich auf den Hosenboden und fing an, im Unterricht aufzupassen. Ich war in der achten Klasse, und viel Zeit, um das Ruder noch mal herumzureißen, blieb mir nicht. Und leicht war es weiß Gott auch nicht. Mathematik war für mich bis zum Schluss eine unergründliche Wissenschaft, doch in anderen Fächern konnte ich mich beweisen. Das ständige Zeitunglesen zeigte Wirkung: Politik und Geschichte avancierten zu meinen Lieblingsfächern. Die Themen, die wir behandelten, orientierten sich an unserer Lebenswelt, und das gefiel mir. Mehr und mehr fand ich aus meiner starren Haltung heraus und beobachtete, was um mich herum im Kiez geschah. Und je mehr ich das tat, desto mehr ging mir auf, dass es Neukölln ähnlich erging wie mir. Damals wie heute war dieser Teil Berlins das Problemkind der Stadt. Wer aus Neukölln stammte, der bekam den Stempel: Ausländer, asozial, abgehängt – genauso wie der Kiez. Und das ging nicht spurlos an den Menschen vorüber, die dort lebten. Das Gefühl, anders angesehen zu werden, sobald man verriet, woher man kam – das wurde ich lange nicht los. Hatte ich diese Zuschreibungen anfangs noch wie selbstverständlich hingenommen, machten sie mich mit der Zeit immer wütender. In den Politikstunden diskutierten wir – wenn es denn mal zu einer Diskussion kam – lang und breit über solche Themen. Alle in der Klasse hatten Erfahrungen mit Diskriminierung gemacht, mal waren sie persönlich betroffen, mal war eines ihrer Familienmitglieder angegangen worden. Ich erinnere mich an den Tag, als meine Mutter völlig aufgelöst vom Einkaufen nach Hause kam, weil jemand sie als Kopftuchschlampe bezeichnet und ihr eine Ohrfeige gegeben hatte. Ein solches Benehmen, fremde Menschen auf offener Straße zu beschimpfen, konnten meine Eltern nicht verstehen, und trotzdem entschuldigten sie es. «Lass sie», sagte meine Mutter immer wieder. Bloß nicht aufmucken, bloß nicht beschweren – das war ihre Antwort darauf. Schließlich hatte mein Vater in diesem Land Arbeit gefunden, wir Kinder erhielten eine Ausbildung, wir hatten genug zu essen und ein Dach über dem Kopf. Diese Haltung zu akzeptieren, fällt mir und auch meinen Geschwistern schwer. Wenn meine Eltern mir heute sagen: «Hör da nicht hin. Du weißt nie, wer da vor dir steht» oder «Lass sie einfach reden», dann weiß ich, sie sorgen sich um mich, haben Angst, dass mir etwas zustößt. Aber wer den Kopf einzieht, um Konflikten aus dem Weg zu gehen, der bestätigt solche Menschen nur in ihrem Verhalten und zeigt ihnen, dass sie damit durchkommen. Und ehe man sich's versieht, wird es Usus, andere zu unterdrücken. Meiner Meinung nach ist jeder Einzelne gefragt, den Mund aufzumachen – auch wenn man selbst nicht betroffen sein mag.

Auch ich habe Erfahrungen mit Diskriminierung gemacht, sie ziehen sich durch mein ganzes Leben. Das fängt an bei Schimpfwörtern auf dem Schulhof und geht weiter mit dem Kopftuch: Es kam vor, dass ich in die Bahn einstieg und die Leute misstrauisch ihre Taschen zusammenrafften. Und noch weiter: Als wir mit der Schule das KZ in Bernau besuchten, traf ich dort auf einen Jugendlichen, der mir einen Schlag auf den Hinterkopf verpasste und dabei «Heil Hitler» brüllte. Ich war so sprachlos. So sprachlos möchte ich nie wieder sein.

Daneben gibt es aber noch die «subtileren» Formen von Diskriminierung, mit denen ich mich bis heute herumschlage. Als ich 2018 unter Angabe meines Familiennamens – Schmidt – einen Termin bei einem Gastroenterologen vereinbarte, beriet mich die Sprechstundenhilfe am Telefon sehr freundlich. Sie bat mich, alle Befunde vor dem Termin in der Praxis abzugeben, was dann mein Mann auf dem Weg zur Arbeit für mich erledigte. Als die gleiche Sprechstundenhilfe auf den Befunden meinen türkischen Vornamen las, fragte sie meinen Mann irritiert, ob ich denn Deutsch spreche, was mein Mann ebenso irritiert bejahte, schließlich hatte ich ja ausführlich mit der Dame telefoniert. Doch die Sprechstundenhilfe ließ nicht locker: «Ja, aber spricht Ihre Frau so richtig Deutsch?» Jetzt war mein Mann doch etwas mehr als irritiert und bekräftigte: «Sie spricht Deutsch.» Worauf die Sprechstundenhilfe die Befunde mit den Worten entgegennahm: «Na, dann ist ja gut. Wir behandeln hier nämlich keine Patienten mehr, die kein Deutsch sprechen.» Bis heute fragen wir uns, was das denn bitte sein soll, «so richtig Deutsch sprechen». Heißt es, den Genitiv vom Dativ unterscheiden zu können? Heißt es, den Konjunktiv I und den Konjunktiv II korrekt anzuwenden, was zur Hölle soll das bedeuten?

Solche Fragen interessierten uns in der Schule herzlich wenig. Die meisten, die ich kannte, reagierten auf die recht offene Diskriminierung – Beschimpfungen und körperliche Gewalt – mit Ablehnung und spiegelten das Verhalten. Hatten viele meiner Mitschüler den Eindruck, für viele «die Sozialschmarotzer», «die Kanaken», «die Ausländer» zu sein, bezeichneten sie und auch ich Deutsche pauschal als «die Kartoffeln», «die Nazis», «die Weißbrote» – die Fronten waren klar abgesteckt. Ich wollte da nicht länger mitmachen, weder bei dem einen noch bei dem anderen. Das war zu einfach. Es kam mir vor, als erzählten wir einander Märchen. Über den bösen Wolf oder das unschuldig bezopfte Rotkäppchen, Geschichten aus 1001 Nacht, Geschichten über die Türken, die Araber, die Deutschen, simple Geschichten über «uns» und «die anderen». Solche Geschichten von Gut und Böse öffnen einen Graben, der, hat er sich erst einmal aufgetan, nicht so leicht zu überwinden ist – ein Thema, das in meiner Familie damals hochaktuell war: Ceylan kämpfte gerade darum, ihren langjährigen Freund heiraten zu dürfen, der aus Lankwitz stammte. Im Gegensatz zu meinem Vater, der zwar sehr verletzt war, dass Ceylan ihm jahrelang nichts von ihrer Beziehung erzählt hatte, aber nichts gegen die Heirat einzuwenden hatte, sträubte sich meine Mutter mit Händen und Füßen, meiner Schwester ihren Segen zu geben. «Du kannst keinen Deutschen heiraten! Wenn du das tust, komme ich nicht zu deiner Hochzeit, und mit meinen Enkeln möchte ich nichts zu tun haben.» Heute, fast fünfzehn Jahre später und umgeben von ihren Enkeln, sieht sie das natürlich ganz anders, aber damals trieb sie die Angst um: «Dieser Mann spricht kein Türkisch. Wie wollt ihr eure Kinder erziehen? Eure Kinder müssen im islamischen Glauben aufwachsen. Er ist nicht beschnitten …» – so ging es in einer Tour. Damals war der Graben weit, die Ängste groß und die Ablehnung, die meiner Schwester und ihrem Freund entgegenschlug, noch größer. Wir Kinder waren schockiert von dieser Haltung, vor allem weil mein Vater uns etwas anderes beigebracht hatte. Das auszuhalten, erforderte großen Mut und Durchhaltevermögen – beides brachten Ceylan und ihr Freund auf. Und auch wir Schwestern standen zum ersten Mal wirklich zusammen, wie überhaupt die ganze Familie damals nicht aufhörte, zu reden, zu streiten und sich miteinander auseinanderzusetzen, so schmerzhaft das auch sein mochte. Es war wohl das erste Mal, dass wir in unserer Familie einen Streit wirklich austrugen und dass wir einander zuhörten. Irgendwann, nach einer für uns alle anstrengenden Zeit, wurden die Ängste kleiner, das Glück meiner Schwester größer, und als die ersten Enkel kamen, gab es auch für meine Mutter kein Halten mehr.

Nicht zuletzt diese Erfahrung trug dazu bei, dass ich mich immer häufiger gegen Vor- und Pauschalurteile zur Wehr setzte. Ich war nicht auf den Mund gefallen, war ich noch nie, und so ließ ich mich in der Schule auf lange Diskussionen mit Mitschülern und Lehrern ein, wies darauf hin, wenn ein Schüler oder eine Schülerin ungerecht behandelt wurde oder sich Schüler untereinander diskriminierten. Durch meine schlechten Erfahrungen in der Grundschule und zu Hause hatte ich einen ausgeprägten Sinn für Fairness entwickelt, und ich lernte, für meine Meinung einzustehen, indem ich argumentierte – nicht gerade meine leichteste Übung. Doch es zahlte sich aus: Etwa ein Jahr, nachdem ich angefangen hatte, am Unterricht teilzunehmen, wurde ich erst zur Klassensprecherin und dann zur Schulsprecherin gewählt. Ich setzte mich für meine Mitschüler ein, war darauf bedacht, Ungerechtigkeiten klar anzusprechen, und immer häufiger merkte ich, dass ich ein Talent dafür hatte, mich auszudrücken und so zu vermitteln – lauter Dinge, von denen ich lange geglaubt hatte, ich wäre nicht dazu in der Lage. Meine Noten verbesserten sich zusehends, ich nahm an immer mehr Aktivitäten teil, spielte in der Tennis-AG mit und entdeckte meine Liebe zur Musik wieder. Der Realschulabschluss, den man an unserer Schule machen konnte, rückte in greifbare Nähe.

Ich nahm mein Schicksal selbst in die Hand, und das fühlte sich gut an. Was wollte ich? Zum ersten Mal im Leben hatte ich wirklich das Gefühl, etwas bewirken zu können – in der Schule und auch zu Hause. Ich nahm mich nicht mehr nur als das ohnmächtige kleine Mädchen wahr, das nicht gut genug, nicht schlau genug, irgendwie nicht richtig war. Ich zog mich selbst an den Haaren aus dem Sumpf, und das war ein ermächtigendes, ein starkes Erlebnis. Es war, als würde ich meine Geschichte zum ersten Mal selbst schreiben, würde aus einer Rolle aussteigen, die ich jahrelang brav gespielt hatte, ohne es zu merken. Wenn ich an die Zeit davor zurückdenke, beschleicht mich immer wieder das seltsame Gefühl, auf das Leben einer anderen zu schauen, einer, die ich nicht kenne. Und das ist ein schreckliches Gefühl, so etwas möchte ich nie wieder erleben.

Damals war es nur eine kleine Flamme, die fortan in mir flackerte. Sie war anfällig für kalten Wind, und wenn in meinem Leben mal wieder Sturm war, kaum mehr als ein Funke, aber ich ließ sie nie mehr verlöschen. Nicht, als Samir immer heftiger auf mir herumhackte – «Du bist durchgeknallt. Ein Haus aus Glas … Deine Träume machen mich kaputt! Das sind wir nicht, und das werden wir nie sein …» –, nicht, als ich den Realschulabschluss nicht schaffte, und auch nicht, als auf meine Bewerbungen reihenweise Absagen eingingen.

Meine Heimat Neukölln

Wenn ich heute nach Neukölln zurückkehre, um meine Eltern zu besuchen, dann stelle ich jedes Mal wieder fest, wie sehr der alte Kiez im Wandel begriffen ist. Über die Jahre sind Menschen aus allen Stadtteilen Berlins und später auch aus aller Welt in meine alte Heimat gezogen, mit der mich so zwiespältige Gefühle verbinden. Sie haben sich in den heruntergekommenen Häusern niedergelassen, die nach und nach wieder im alten Glanz erstrahlen. Mit der Öffnung des Tempelhofer Feldes ist eine Freifläche entstanden, die an den Wochenenden Ausflügler aus ganz Berlin anlockt. Die Parks werden auf Vordermann gebracht, überall gibt es Spielplätze, und der Leerstand ist einer bunten Mischung aus Cafés, türkischen Supermärkten, alteingesessenen Kneipen, Schischa-Bars, kleinen Boutiquen, Spätis und aufregenden Clubs gewichen. Natürlich haben sich die Clans nicht in Luft aufgelöst, und in den letzten Jahren sehe ich immer mehr Junkies, die in den U-Bahnhöfen ihr Blech rauchen, und Obdachlose, die immer seltener einen Unterschlupf finden in dieser großen Stadt, in der doch so viel Platz sein sollte. Und ganz bestimmt machen viele Kinder, die in diesem Kiez aufwachsen, Erfahrungen, wie ich sie schon Anfang der 2000er, also vor nun fast zwanzig Jahren gemacht habe, aber in Neukölln ist Bewegung drin, das spüre ich. Es ist ein Kiez, in dem gekämpft wird, und es knarzt und kracht an allen Ecken und Enden, und dafür liebe ich den Stadtteil heute so sehr, wie ich ihn früher gehasst habe. Die Menschen, die dort leben, wollen etwas, sind auf der Suche. Sie stehen für ihre Lebensweise und ihre Überzeugungen ein. Das ist sicherlich nicht immer einfach, und je nach Tagesform überfordert mich der ständige Wechsel widerstreitender Eindrücke, die dort auf mich einprasseln. An manchen Tagen passiere ich erst die feinweiße Happy Family, danach einen Obdachlosen, der nichts hat, außer die Kleider, die er am Leib trägt, komme am schicken Szenecafé mit den obligatorischen Hipstern hinter der Scheibe vorbei, laufe Slalom um die Hundekacke, die überall auf der Straße liegt, um dann ein paar Halbstarken aus dem Weg zu gehen, die zu sehr in Testosteron schwimmen, als dass sie in der Lage wären, ein wenig Platz für eine alte Schachtel wie mich zu machen – aber: That's life. Das ist die Definition von bunt, von einem Neben- und Miteinander. Vielfalt, Leute!

Viele denken ja, «bunt» hieße, dass alles sich vermischt, aber wenn man alle Farben vermischt, was kommt dann dabei raus? Richtig, grauer Einheitsbrei. Das, denke ich manchmal, verstehen viele Menschen in diesem Land unter geglückter Integration: dass alle gleich werden, alle einträchtig unterm Christbaum sitzen, genüsslich am Lebküchle knabbern, Goethe und Schiller rezitieren, danach die deutsche Nationalhymne singen und ein paar Tränchen der Rührung verdrücken. Ist das mit deutscher Leitkultur gemeint? So leben? Nein, danke! Ist doch langweilig!

Als ich meine Eltern das letzte Mal in Berlin besucht habe, ich war im M41er unterwegs, stiegen am Hermi zwei Mädels zu, die sich angeregt unterhielten und sich offenbar sehr gut kannten. Die eine trug ein Kopftuch und lange, schwarze Kleider, unter denen sie ihren Körper und ihre Haut verbarg. Die andere war von oben bis unten tätowiert, die Nase und die Ohren waren gepierct, die Tattoos reichten ihr bis ins Gesicht, und ihre Kleider waren punkig, an mehreren Stellen aufgerissen und mit Sicherheitsnadeln zusammengehalten. Ich war wie gebannt von dem Anblick. Diese beiden Mädchen waren rein äußerlich so unterschiedlich, und doch waren sie Freundinnen. So was feiere ich.

Auf zu neuen Ufern – zwischen Klinikalltag und New York City

Abheben

Letzter Aufruf für die Passagiere Frau Jennifer Lorenz und Frau Hatice ... für Flug 2426 nach New York. Bitte begeben Sie sich umgehend zum Gate.» Nach dieser Durchsage brach in zwei Kabinen der öffentlichen Toiletten am Flughafen Tempelhof hektisches Treiben und großes Geschrei aus: «Scheiße, Jenni, die meinen uns!» Panisch zerrten wir die Hosen hoch, rafften unser Handgepäck zusammen und sprinteten zum Gate. Keine Sekunde zu früh: Als letzte Passagiere bestiegen wir die Maschine nach New York.

Nur wenige Stunden zuvor hatte uns mein Vater vor dem Tempelhofer Flughafen abgesetzt, uns viel Spaß gewünscht und war davongebraust. Gott, war ich aufgeregt! Es war zwar nicht mein erster Flug, aber ich hatte keine Ahnung, wie das alles funktionierte. Der Check-in, die Sicherheitskontrolle, das Warten am Gate, das ist mir heute alles zur Routine geworden, aber damals war jeder neue Bereich des Flughafens eine Verheißung – allein die lichtdurchflutete Abflughalle mit ihren imposanten Pfeilern zu betreten und dann über die große Treppe hinabzusteigen, Teil zu werden all dieser Menschen, die im Begriff waren, sich in alle Winde zu zerstreuen, allein das war ein berauschendes Gefühl. So berauschend, dass wir vollkommen die Zeit vergessen hatten, zumal wir uns recht lange am Check-in aufgehalten hatten – Jenni hatte zu viel Gepäck dabei, und wir stopften viele ihrer Sachen hektisch in meinen Koffer, um nicht nachzahlen zu müssen.

Aber im Flugzeug war die ganze Aufregung vergessen. Als sich mein Atem langsam wieder beruhigt hatte, sah ich hinaus auf das Tempelhofer Feld. Langsam bog der Flieger auf die Startbahn ein. Dann schaltete der Pilot die Triebwerke ein, schneller und schneller rumpelte die Maschine über den Asphalt, bis sie abhob und das steinerne Häusermeer unter uns immer kleiner wurde und schließlich ganz verschwand. Jetzt ging es also wirklich los – mein Traum von New York würde endlich wahr werden.

Drei Jahre voller Umbrüche und tiefgreifender Veränderungen lagen an jenem Tag hinter mir. Wieder waren es Jahre voller Kämpfe gewesen, doch ich hatte sie in meinem Namen ausgetragen, und angefangen hatte all das mit einer Entscheidung.

Auf dem Boden der Tatsachen

Ich atmete tief durch und betrat das Wohnzimmer, um ein Gespräch mit meiner Mutter zu führen, von dem ich annahm, dass es nicht leicht werden würde. Längst hatte ich mir die Worte in meinem Zimmer zurechtgelegt: «Anne», würde ich sagen, «Anne, ich möchte das Kopftuch ablegen.» In meiner Vorstellung würde das Gespräch, das auf diese Eröffnung folgte, hochemotional werden, in Geschrei, Vorwürfen und Tränen münden, doch zu meiner Überraschung waren meine Befürchtungen unbegründet, vielleicht auch deshalb, weil ich das Kopftuch erst mal nur für kurze Zeit ablegen wollte, um neue Bewerbungsfotos machen zu lassen.

Nach der Schule war ich wie so viele meiner Mitschüler und Mitschülerinnen auf dem harten Boden der Realität aufgeschlagen. Die Möglichkeiten, die ich mit einem erweiterten Hauptschulabschluss hatte, waren sehr begrenzt. Meine Träume von einer Karriere als Geschäftsfrau und von Reisen um die Welt rückten in den Hintergrund. Erst mal brauchte ich überhaupt einen Job. In meiner Verzweiflung machte ich einen Test im Berufsberatungszentrum, eine Erinnerung, die ich wohl mit vielen anderen Jugendlichen teile. Als das Ergebnis des Tests vorlag, wusste ich erst nicht, ob ich hysterisch lachen oder heulen sollte. Da stand doch tatsächlich «Kraftfahrzeugfahrerin» auf dem Wisch vom Arbeitsamt – ich entschied mich für erstere Reaktion. Eine Zeitlang dachte ich dann darüber nach, Tierpflegerin zu werden. Unsere Familie war und ist sehr tierlieb, und ich kann mich an kaum einen Tag in meiner Kindheit und Jugend erinnern, an dem nicht wenigstens irgendeine Katze um mich herumstrich. Zeitweise beherbergten wir in unserer kleinen Wohnung einen unterernährten Igel, ein paar verwaiste Entenküken und sogar einen Raben – ein unglaublich schlaues Tier. Dazu kamen Hamster, Schildkröten, Kakadus, Nymphensittiche – jedes verletzte, zurückgelassene oder ausgesetzte Tier war bei uns willkommen und wurde von uns Kindern liebevoll umsorgt. Ich hatte ein Gespür für die scheinbar aussichtslosen Fälle, und ich habe bisher noch jedes Tierchen wieder aufgepäppelt, doch ohne Realschulabschluss waren die Aussichten auf eine Stelle als Tierpflegerin schlecht. Ich bewarb mich trotzdem – und wurde prompt abgelehnt. Jede Absage, die ich in jener Zeit erhielt, war für mich eine kleine Katastrophe, schien sie doch nur zu bestätigen, was ich immer noch dachte: dass ich nicht gut genug war. Es schien mir, als ob alle in ihr Leben hinausgingen und nur ich blieb zurück. Meine Schwester Hülya, die auf unsere schwere Kindheit mit zwanghaften Verhaltensmustern, aber auch mit eiserner Disziplin reagiert hatte, hatte ihr Abitur in der Tasche und ihr Pharmaziestudium an der FU Berlin aufgenommen. Meine ältere Schwester war längst ausgezogen, hatte ihren eigenen Hausstand und eine eigene Familie, und mein Bruder arbeitete mit Begeisterung als Fahrradmechaniker. Nur vor mir schien sich statt einer Zukunftsperspektive ein großes schwarzes Loch aufzutun. Ich konnte mir nicht vorstellen, als Kellnerin, Malerin, Verkäuferin oder Gebäudereinigerin zu arbeiten – alles ehrenwerte Berufe, aber ich träumte davon, die große weite Welt zu sehen. Täglich schwankte ich zwischen dem Wunsch, mir die Bettdecke über den Kopf zu ziehen und die Welt da draußen auszusperren, und dem Wunsch, meine Träume zu verwirklichen.

Es kostete Kraft, mich jeden Tag wieder aufzuraffen und eine neue Bewerbung für einen Beruf zu schreiben, von dem ich selbst nicht überzeugt war, dass ich ihn überhaupt ergreifen wollte. Und natürlich waren die Antworten auf diese Schreiben meistens negativ.

3700 Gramm Glück

In diese Zeit hinein brach ein freudiges Ereignis: Yunus kam zur Welt – mein kleiner Neffe. Ich wurde Tante. Wir alle waren hin und weg von dem süßen kleinen Wonneproppen mit dem weichen Flaum auf dem Kopf. Ich erinnere mich noch genau, als Ceylan ihn mir im Krankenhaus zum ersten Mal in die Arme legte – ein so überwältigendes Gefühl von Liebe und Zuneigung hatte ich vorher noch nie empfunden. Ich wusste, ich würde alles für meinen Neffen tun, wirklich alles. Die Geburt ihres Enkels ging auch an meinen Eltern nicht spurlos vorüber. Meine Mutter war – entgegen ihren Drohungen – ganz die gerührte Großmutter und mein Vater der stolze Großpapa. Es war ein schönes Gefühl, zu sehen, dass die Familie wuchs und dabei gleichzeitig auch ein bisschen mehr zusammenrückte.

Mein Schwager führte damals ein kleines Unternehmen, das gerade Fahrt aufnahm, und meine Schwester Ceylan wollte ihm dabei helfen, also fragten die beiden mich, ob ich mir vorstellen könne, in der Zwischenzeit auf den kleinen Yunus aufzupassen – und das war meine Rettung.

Ich fuhr oft raus nach Lankwitz, wohin meine Schwester nach ihrer Hochzeit mit ihrem Mann gezogen war, und kümmerte mich um den kleinen Wurm, wickelte ihn, wenn er die Windeln voll hatte, beruhigte ihn, wenn er schrie, wiegte ihn in den Schlaf, wenn er müde war. An manchen Tagen brachte Ceylan ihn nach Neukölln, dann schnallte ich ihn mir auf den Rücken und half meiner Mutter dabei, die Wohnung in Schuss zu halten. Ich schaltete die Musik ein – damals hatte ich ein Faible für Etta James – und tanzte mit ihm durch die Wohnung, während meine Mutter die Füße hochlegte und uns dabei zusah. Ich liebte es, mich um dieses kleine Wesen zu kümmern, das in unser Leben getreten war und die Stimmung in unserer Familie so sehr veränderte.

Wenn ich mit meinem Neffen bei meinen Eltern war, ging ich immer auch runter in die Werkstatt und brachte meinem Vater seinen Muckefuck. Meistens blieb ich noch ein bisschen dort und unterhielt mich mit ihm. Mein Vater wischte sich dann die ölverschmierten Hände ab und setzte sich zu uns. Eines Tages stellte er mir völlig überraschend die Frage, warum ich mich nicht für eine Ausbildung als Hebamme bewarb. Vielleicht wäre das ja was für mich, denn schließlich könne ich nicht nur gut mit Yunus umgehen, sondern auch mit den anderen Kindern in der Familie. Hatte er recht? Es stimmte, selbst als der Kleine zahnte und vor Schmerzen gar nicht aufhören konnte zu schreien, hatte ich mich davon nicht aus der Ruhe bringen lassen. Ich wusste, dass ich mich gut in andere hineinversetzen, ihre Ängste und Sorgen verstehen konnte, und so etwas erforderte der Beruf der Hebamme.

Ich blieb noch ein bisschen unten in der Werkstatt und sah meinem Vater bei der Arbeit zu, sah, wie liebevoll er mit den Oldtimern umging, wie er mit der Hand über die Rundungen der Karosserie strich und den Lack überprüfte, alles mit krummem Rücken. Er hatte das Handwerk von der Pike auf gelernt, in dieser Werkstatt, die jetzt ihm gehörte. In den neunziger Jahren, in denen er für seine Kunden sogar aus Amerika Ersatzteile und Limousinen importiert hatte, gingen die Geschäfte noch gut. Ich erinnere mich daran, dass er eines Tages mit einem cremefarbenen Lincoln Cabrio vor unserer Wohnung in Lankwitz vorfuhr und hupte – was war das für ein Schlitten! Die Sitze waren mit weißem Leder bezogen, und das Dach ließ sich zurückklappen. Er setzte uns auf die Rückbank und fuhr mit uns durch Lankwitz, und die Leute auf den Straßen blieben stehen und blickten diesem Raumschiff von einem Auto hinterher, das aussah, als käme es direkt von einem anderen Planeten. Das war ein Gefühl!

Als ich so in der Werkstatt saß und meinen Vater beobachtete, merkte ich zum ersten Mal, dass er alt geworden war. Die guten Jahre lagen längst hinter ihm, häufiger als früher klagte er über Rückenschmerzen, die ihn und seinen Bruder seit der langen Busfahrt in ihrer Kindheit plagten. Er war jetzt Großvater, und mit der Geburt seines Enkels war er weicher geworden. Hier, alleine mit ihm, fasste ich mir ein Herz und fragte ihn um Rat, etwas, das ich aus falschem Stolz und wegen der jahrelangen Distanz kaum je getan hatte, und wurde überrascht. Mein Vater zögerte nicht. Er ging zu dem alten Telefon mit der Wählscheibe und rief einen seiner Kunden an, einen Chirurgen, dessen Oldtimer er vor Jahren repariert hatte. Einen Tag später hatte ich einen Praktikumsplatz.

Im Kreißsaal

Den erschrockenen Blick der Frau vor mir auf dem Entbindungsbett werde ich nie mehr vergessen. Es ging nicht voran, die Werte des Babys hatten sich verschlechtert, und der Arzt hatte eine Entscheidung getroffen. Er hatte sein Vorgehen zwar vorher mit der Frau abgesprochen, aber mit solcher Vehemenz hatte sie wohl trotzdem nicht gerechnet: Mit seinem ganzen Körpergewicht warf er sich regelrecht auf den Bauch der Frau und half ihr, das Kind auf die Welt zu bringen. Ich war wie geplättet. So etwas hatte ich noch nie gesehen, hatte mir eine Geburt sehr viel sanfter, eher rosarot und romantisch vorgestellt – stattdessen sollte ich während meines sechswöchigen Praktikums im Kreißsaal lernen, dass eine Geburt zuallererst schmerzhaft, anstrengend, bisweilen traumatisch und zum Schluss immer überwältigend ist. Ich erlebte mit, wie Kinder mit Kaiserschnitt, mit der Saugglocke und auf natürlichem Wege zur Welt kamen. Aber alle Mühen waren vergessen, sobald das Kind wohlbehalten geboren war. Das Wechselbad der Gefühle, das die Eltern dabei durchlebten, lässt sich kaum beschreiben, und wenn das Kind erst einmal da war, waren es meist die Väter, die vor Erleichterung und Glück in Tränen ausbrachen. Und ich oftmals gleich mit.

Das Praktikum war für mich eine einschneidende Erfahrung. Mir wurde bewusst, was es bedeutete, im Berufsleben

Verantwortung zu übernehmen, jeden Tag acht Stunden und mehr voll dabei zu sein und auch und vor allem in Extremsituationen Entscheidungen zu treffen. Ich war mir nicht sicher, ob ich dem gewachsen sein würde, aber ich wollte es versuchen – für meinen Vater. Ich konnte den Gedanken nicht ertragen, ihn zu enttäuschen, nichts aus der Chance zu machen, die er mir durch seine harte Arbeit geboten hatte. Am Ende der sechs Wochen setzte ich mich hin und verfasste mehrere Bewerbungen, die ich an Hebammenschulen in Berlin schickte – keine Woche später klingelte das Telefon.

Die Frau, die sich am anderen Ende der Leitung meldete, hatte zwar keine gute Nachricht für mich, aber sie gab mir einen wohlgemeinten Rat: Meine Bewerbung habe ihr sehr gut gefallen, aber meine Qualifikationen reichten für eine Ausbildung leider nicht aus. Trotzdem ermutigte sie mich, nicht aufzugeben und mich als Krankenschwester bei einer Pflegeschule zu bewerben, im Laufe der Ausbildung könne ich dann umsatteln. Der Anruf dieser Frau war, obwohl er eine weitere Absage enthielt, Balsam für meine Seele. Dass sich da draußen jemand die Mühe machte, den Hörer in die Hand zu nehmen und ein junges Mädchen anzurufen, um ihm einen Weg aufzuzeigen, wie es ans Ziel gelangen könnte, habe ich nie vergessen. Wenn ich heute Zuschriften von meinen Followern erhalte, die sich mit ihren Sorgen an mich wenden, erteile ich ihnen keine Ratschläge – dafür weiß ich meist zu wenig über ihr Leben –, aber ich schicke ihnen Kraft, zeige ihnen, dass da jemand ist, der an sie denkt. Denn ich erinnere mich jedes Mal an diese Frau zurück, die sich die Zeit nahm, einem fremden Menschen Mut zuzusprechen. Mut, den ich gut gebrauchen konnte.

Die Macht der Bilder

Wie auf meine übrigen Bewerbungsschreiben erhielt ich auch auf mein Schreiben an die Pflegeschule eine Absage, dabei hatte mich ein ehemaliger Kunde meines Vaters der Leitung empfohlen. Was machte ich falsch? An meinem Anschreiben konnte es eigentlich nicht liegen. Ich hatte stundenlang daran gefeilt, und meine Schwestern und auch mein Schwager hatten sich das Ergebnis angesehen und hier und da Verbesserungsvorschläge gemacht. Wahrscheinlich, so dachte ich, lag es an meiner fehlenden Qualifikation für den Job. Die meisten Schulen forderten einen Realschulabschluss, und den konnte ich nicht vorweisen. Andererseits hatte ich von Freunden gehört, die trotz dieser fehlenden Qualifikation einen Ausbildungsplatz an einer Pflegeschule bekommen hatten, schließlich wurde händeringend nach Pflegepersonal gesucht.

Ein Gedanke trieb mich um. Früher war Hülya oft genervt aus dem Gymnasium nach Hause gekommen und hatte sich darüber beschwert, dass die Lehrer sie in Diskussionen über ihr Kopftuch verwickelt hatten. Sie sei doch ein intelligentes Mädchen, warum also diese Verhüllung? Auch ein beliebter Spruch: «Du bist so ein schönes Mädchen, warum trägst du ein Kopftuch?» Als hätte das eine mit dem anderen irgendetwas zu tun! Meine Schwester ärgerte sich sehr über diese

Sprüche, denn sie trug das Kopftuch lange aus Überzeugung, trug es auch stoisch weiter, als die Lehrer am Gymnasium sie dafür kritisierten. Ich dagegen hatte in all den Jahren kein positives Verhältnis zum Kopftuch entwickelt. Als ich dreizehn Jahre alt war, entschied meine Mutter für mich, dass es nun an der Zeit sei, es anzulegen, und natürlich wehrte ich mich gegen ihre Ansage, wurde wütend, weil sie mir keine Antworten auf meine Fragen gab. Aber ich war unentschlossen, also setzte sie sich durch. Ich trug das Kopftuch fortan widerwillig, sah es als eine weitere aufgezwungene Maßnahme, um mich zu kontrollieren, und empfand es dementsprechend als einengend. Von außen betrachtet, hatte meine Mutter ihren Willen bekommen, aber in meinem Innern sah es anders aus. Es ist interessant – wie wir Schwestern jeweils mit der Kopftuchfrage umgegangen sind, zeigt recht eindrücklich, wie sehr wir uns voneinander unterscheiden. Ceylan unterwarf sich nur scheinbar den Regeln meiner Mutter. Morgens legte sie sich vor dem großen Spiegel im Flur folgsam das Kopftuch an und versteckte die schwarzen Haare darunter, um es sich wenig später im Hausflur eiligst vom Kopf zu reißen, es in den Rucksack zu stopfen und sich die Haare aufzustrubbeln. Hülya entschied im vorauseilenden Gehorsam selbst, das Kopftuch anzulegen, und trug es noch lange Zeit danach. Und ich? Ich sträubte mich, gab dem Druck aber nach, vergrub den Ärger darüber viele Jahre in mir, bis ich mich schließlich intensiver mit dem Thema auseinandersetzte und mir eine eigene Meinung dazu bildete.

Der Gedanke, der mich umtrieb: Was, wenn die Menschen, die mein Bewerbungsfoto ansahen, mich nach meinem Kopftuch beurteilten? «Das Erste, was die Personaler sehen, wenn sie deine Bewerbung aufschlagen, ist dein Foto, also sollte es ein gutes Foto sein.» Das hatten sie uns schon in der Schule eingebläut. Und so kam es, dass ich eines Tages in meinem Zimmer saß und mir überlegte, wie ich das Thema anschneiden sollte, mir die Worte zurechtlegte und dann das Wohnzimmer betrat: «Anne», sagte ich. «Anne, ich möchte das Kopftuch ablegen.» Statt der erwarteten hochemotionalen Reaktion blieb meine Mutter ruhig und hörte sich meine Gründe an. Als ich endete, nickte sie bedächtig. Sie billigte meine Entscheidung.

Als die Bewerbungsfotos fertig waren, druckte ich die Unterlagen ein zweites Mal aus, heftete das Foto der jungen Frau, die mir ohne Kopftuch seltsam fremd vorkam, an meinen Lebenslauf und brachte den Umschlag zur Post, um ihn an die Pflegeschule zu schicken. Und siehe da: Keine Woche später landete eine Einladung zum Bewerbungsgespräch in unserem Briefkasten.

Ob mir die neuerliche Bewerbung als Hartnäckigkeit ausgelegt worden war oder ob das Foto ohne Kopftuch den Ausschlag gegeben hatte – ich werde wohl nie erfahren, was zu dieser Einladung führte, aber ein Jahr nachdem ich die Hauptschule abgeschlossen hatte, schüttelten mir fünf Menschen in einem kahlen Zimmer in einer Berliner Pflegeschule die Hand und beglückwünschten mich zu meiner Ausbildungsstelle. Noch wusste ich nicht, was mir der Beruf der Krankenschwester alles abverlangen würde, welche Herausforderungen ich zu bewältigen hätte und wie oft ich abends todmüde in mein Bett fallen würde, zu erschöpft, um noch über das zu weinen, was ich am Tag auf der Station erlebt hatte. Ich denke, niemand ahnt oder kann ermessen, was eine Krankenschwester oder ein Krankenpfleger in der heutigen Zeit leisten muss, und das junge Mädchen, das ich damals war, frisch von der Schule, naiv und unerfahren, konnte das erst recht nicht.

Mein Kopf – meine Entscheidung

Das Kopftuch legte ich danach nicht mehr an. Zuerst vor allem deshalb, weil ich nicht mehr über dieses äußere Zeichen identifiziert und in eine Schublade gesteckt werden wollte. Anfangs war es ungewohnt, ohne das Kopftuch nach draußen zu gehen. Ich hatte das Gefühl, alle starrten mich an, musterten mich, in der S-Bahn, auf der Straße, beim Einkaufen. Ich kämpfte mit Scham und einem Gefühl von zu viel Intimität. Es war ein großes Durcheinander von Gefühlen, das mich damals bewegte. Zu Hause in meinem Kiez fühlte ich mich wie eine Verräterin – dabei war es nur Samir, der sich fürchterlich aufregte und mit den üblichen Begriffen um sich warf. Für meine Mutter und meinen Vater war es wichtiger, dass ich eine Ausbildung gefunden hatte. Nachdem ich mich daran gewöhnt hatte, auf das Kopftuch zu verzichten, war es für mich eine befreiende Erfahrung. Auf der Straße und im Beruf war ich fortan nur noch irgendein Mädchen. Ich war einfach ich – ohne klar erkennbare religiöse und kulturelle Zugehörigkeit.

Meine Identität hatte ich damit keineswegs abgelegt – die ist nicht in ein Stück Stoff eingewebt –, das musste ich erst nach und nach für mich herausfinden. Ich legte mit dem Kopftuch weder meinen Glauben noch die Kultur meiner Eltern ab, ich legte eine Bürde ab, etwas, das meine Identität re-

107

duziert hatte, so empfand ich es damals. Und etwas, das ich getragen hatte, obwohl ich, als ich es anlegte, noch nicht reif dafür gewesen war, mich bewusst und selbstbestimmt dafür oder dagegen zu entscheiden. Es war der Anfang eines Prozesses des Nachdenkens darüber, wie ich meinen Glauben leben wollte, was sich für mich richtig und gut anfühlte. Noch heute bin ich hin und her gerissen: Wie kann ich meinen Glauben mit meinem Leben in Einklang bringen, wie kann ich eine gute Balance finden? Doch die Entscheidung, mein Kopftuch abzulegen, kann ich fundiert begründen – wenn mich jemand danach fragt UND ich Lust habe, darüber zu sprechen. Denn dabei spielen viele Erwägungen eine Rolle – religiöse, private und gesellschaftliche. Am Ende war für mich wichtig, eine eigenständige Entscheidung zu treffen, mit der es mir gut ging. Dies zu tun, mich selbst zu spüren, mir zuzuhören und mich selbst ernst zu nehmen, war eine Herausforderung. Seltsam, oder? Dabei müsste man doch meinen, die eigene Stimme sei immer die lauteste. Doch meine eigene Stimme von all den anderen Stimmen, die in mir widerhallten, zu unterscheiden, war schwierig, und heute glaube ich, es wird schwierig bleiben. Gerade wegen meiner Präsenz im Netz halte ich es aber für wichtig, weiter in mich hineinzuhorchen und nach meiner eigenen Stimme zu suchen. Und ich bin überzeugt, dass es sich lohnt.

Vor wenigen Jahren habe ich deshalb auch nicht gezögert, als mich Farah von den Datteltätern fragte, ob ich mir vorstellen könne, darüber zu sprechen, warum ich das Kopftuch abgelegt habe und mit welchen Erfahrungen diese Entscheidung verbunden war. Die Frauen, die ich während der Aufzeichnung kennenlernen durfte, haben mich tief beeindruckt.

Sie alle haben sich aus ganz unterschiedlichen Gründen dazu entschieden, das Kopftuch entweder zu tragen, es abzulegen oder eine flexible Lösung zu suchen. Was uns alle einte, war die Erfahrung, dass andere offenbar ein Interesse daran hatten, sich in diese Entscheidung einzumischen, und die feste Überzeugung, dass niemand außer uns selbst diese Entscheidung fällen konnte.

Die seltsamen Auswüchse
der deutschen Sprache

Curriculum, Blöcke, Module, Praxisstunden, Theoriestunden, Geriatrie, Pädiatrie, präventiv, kurativ, rehabilitativ, palliativ ... Ich saß vor einem Berg von Anforderungen und Kursen, die ich in einen sinnvollen Stundenplan überführen musste. In meiner Klasse in der Berliner Krankenpflegeschule kamen fünfundzwanzig Auszubildende aus ganz Berlin zusammen. Ich war eine der Jüngsten und wohl rückblickend auch eine der Unerfahrensten.

Jeden Morgen setzte ich mich in die Bahn und fuhr quer durch die Hauptstadt, um für mehrere Stunden in eine neue Welt einzutauchen, in der eine Sprache regierte, die ich nicht kannte und die offenbar zu einem Großteil aus Abkürzungen und Akronymen bestand. Dazu kam, dass die meisten meiner Mitschüler aus den östlichen Teilen Berlins stammten – Marzahn, Treptow und Köpenick – und die Sprache der Stadt sprachen. Berliner Schnauze nennt sich das, und meist ist da ziemlich viel Herz drin, auch wenn ich ein gutes Gehör für die Zwischentöne brauchte, wenn wir in den Pausen zusammenstanden und die Mädels und Jungs sich in ihrer unverständlichen Icke-Micke-Art unterhielten. Sie warfen mit Begriffen um sich, die ich nie zuvor in meinem Leben gehört hatte. Was bitte sollte eine Flitzpiepe sein oder Feez? Meine Bagasche sollte ich grüßen – bitte wen? Ständig steckte irgendwer in der Bredullje, kriegte einen Föhn, wurde der Hund in der Pfanne verrückt oder war irgendetwas zum Mäusemelken. Und was hatte es mit ihrem Schlachtruf – «Ran an die Buletten» – auf sich? Nach Jahren in Neukölln erlebte ich einen mittelschweren Kulturschock, und das war anstrengend – jeder weiß, wie erschreckend es ist, wenn man begreift, dass die Lehrer recht hatten und man nie wieder so viel Freizeit haben wird wie in der Schule –, aber es war auch gut. Am Ende des ersten Monats in der Krankenpflegeschule stand mein Stundenplan. Für den ersten Praxisblock hatte ich mich für die Gastroenterologie eingetragen – was auch immer das sein mochte –, hatte in der blonden, dauergewellten und berlinernden Jenni, die jeden Morgen aus Marzahn angejuckelt kam, eine Freundin gefunden und mit Hilfe einer verständnisvollen älteren Dame hinter einer Glasscheibe mein erstes eigenes Bankkonto eröffnet. Sehnlichst erwartete ich mein erstes Gehalt, das sich damals auf rund 560 Euro belief. Ich war reich!

Girls just wanna have fun

Als ich den Kontoauszug in Händen hielt, war das ein erhebendes Gefühl. Ich rief Jenni an, um mich mit ihr zu verabreden. Jenni war eine Nummer für sich. Sie war eine Genießerin, liebte es, verschiedene Gerichte auszuprobieren. Außerdem hatte sie ein Faible für Schminke und im Laufe ihres Teenager-Daseins ein unerschöpfliches Wissen über Wimperntusche, Lidschatten und Lockenstäbe angesammelt. Überhaupt legte sie größten Wert auf ein gepflegtes Äußeres. Wenn ich es recht bedenke, habe ich sie kaum je ungeschminkt oder unfrisiert zu Gesicht bekommen, und das obwohl wir mehrfach im selben Zimmer übernachteten.

Ich dagegen schminkte mich nicht, hatte ich noch nie. Sich zu schminken, war bei einer Frau, die Kopftuch trug, nicht gerne gesehen, jedenfalls war es in meinem Umfeld so. Eine Frau, die nicht verheiratet war, die schminkte sich schlicht und ergreifend nicht. Warum sollte sie? Wenn sie es tat, dann nur für ihren Mann, nicht für sich selbst. Diese Denke war Jenni gänzlich fremd. Sie pflegte sich um ihrer selbst willen. Das hatte etwas von Selbstfürsorge, und genau das faszinierte mich. Wenn sie vorm Spiegel stand und sich schminkte, war das wie ein Ritual: Zuerst legte sie Lidschatten auf, sodass sie mich aus braunen Smokey Eyes anschaute. Sie benutzte eine Menge Wimperntusche und Kajal, füllte die Augenbrauen stark auf, wie man es damals machte. Dann widmete sie sich ihrer Haut. Erst trug sie eine Pflege auf, dann die Foundation, korrigierte eventuelle Schatten unter den Augen mit Concealer, und dann kam noch der Bronzer. Das Ganze dauerte bestimmt eine halbe Stunde, und Jenni ließ sich dabei durch nichts aus der Ruhe bringen. Ich habe es bewundert, dass sie sich so viel Mühe gab, sich so sorgfältig um sich selbst kümmerte. Ich kannte das ja nicht von zu Hause. Meine Schwestern schminkten sich nicht oder kaum. Ceylan legte immer etwas Wimperntusche auf und zog sich einen Lidstrich, aber das war's dann auch schon. Jenni aber nahm sich Zeit für ihr Äußeres, sie wollte sich gut fühlen und wich auch nicht von ihrer Routine ab. Selbst wenn es mal schnell gehen musste, blieb sie standhaft und sagte klar: «Nein. Ich bin noch nicht fertig, ich möchte mich erst noch zurechtmachen.» Das war toll!

Sie war meine Sitznachbarin in der Schwesternschule, und wir verstanden uns – mal abgesehen von ihrem Dialekt und meinem Slang – auf Anhieb. Anders als ich, die ich davon träumte, die Welt zu sehen, in meinem tiefsten Inneren jedoch daran zweifelte, dass es jemals dazu kommen würde, war Jenni davon überzeugt, schon bald über den Times Square zu spazieren. Wir müssten die Sache einfach nur richtig anpacken – wie man in ihren Augen alles einfach nur anpacken musste, um ans Ziel zu gelangen. Träumen allein, das reichte laut Jenni nicht aus, und da war ich ganz ihrer Meinung. Die junge Frau aus Marzahn mit ihrer unerschütterlichen und patenten Art wurde immer mehr zu einem Teil meines Lebens. Und da sie Mut und Zuversicht für zehn hatte, gab sie mir reichlich davon ab.

Als ich an diesem Tag also meine erste Gehaltsabrechnung in Händen hielt und sie anrief, sprang sie, ohne zu zögern,

113

in die S-Bahn, holte mich in Neukölln ab, und gemeinsam
fuhren wir zum Ku'damm. «Hati, heute koofen wa dir 'n Lippenstift!» Und das taten wir dann auch. Ich erinnere mich,
als wäre es gestern gewesen. In der Kosmetikabteilung des
KaDeWe probierten wir uns durch die verschiedenen Farb-
nuancen, etwas, das ich nie zuvor getan hatte. Als ich mich
in diesem edlen Kaufhaus, wo sich schon seit Anfang des
20. Jahrhunderts die feinen Damen der Stadt ihre Schminke
kauften, das erste Mal mit Lippenstift im Spiegel sah, sprangen
mich die Farben regelrecht an. Das war ein tolles Gefühl. Ich
sah nicht nur anders aus, ich fühlte mich auch anders. Dabei
hatte ich mir nur zwei Striche Farbe auf das Gesicht gemalt.
Ich kaufte mir schließlich einen Lippenstift von Yves Saint
Laurent – noch ganz zurückhaltend in der Farbe Nude –, der
mich um die zwanzig Euro kostete. Das fühlte sich an, als würde ich mit Geld nur so um mich schmeißen – was nicht ganz
abwegig war, wenn man bedenkt, was ich damals verdiente
und dass ich nur selten die Gelegenheit hatte, ihn aufzutragen.
Die Hülse des Lippenstiftes habe ich bis vor kurzem noch
besessen, die Farbe war längst aufgebraucht, und doch konnte ich mich lange nicht von dem alten Ding trennen. Dieser
Lippenstift war der Anfang von etwas, auch wenn ich damals
nicht hätte sagen können, von was genau.

Neue Wege

Mit der Ausbildung erschloss sich mir ein neuer Lebensraum, der nur mir gehörte und auf den niemand in meinem Umfeld Einfluss nahm – die Arbeit ging immer vor. Ich übernachtete nun häufiger bei Ceylan und ihrer Familie, um nicht quer durch die Stadt fahren zu müssen. Plötzlich ergaben sich überall Freiräume, in denen ich mich bewegen konnte. In dieser Zeit begann ich, mich auch äußerlich immer mehr zu verändern und auszuprobieren. Wie wollte ich meine Haare tragen? Was wollte ich von meinem Körper zeigen? Womit fühlte ich mich wohl? Die Marken-Pullis und die weiten Jeans landeten in der Altkleidersammlung, stattdessen tastete ich mich vorsichtig an figurbetonte Kleidung heran.

Dabei hatte ich ein zwiespältiges Verhältnis zu meinem Körper. Oder: Hatte ich überhaupt eines? Alles, was mit meinem Körper zu tun hatte, war irgendwie mit Scham besetzt. Selbst in der Grundschule hatte ich mich in der Umkleide nie vor den anderen ausgezogen, sondern mich immer in eine der Kabinen auf der Toilette eingeschlossen. Bis heute ziehe ich mich nicht vor anderen Menschen um, nicht mal vor meinen Schwestern, die mir inzwischen so nahestehen. Diese Unsicherheit rührt wohl auch daher, dass wir in der Familie grundsätzlich über nichts sprachen, was mit unserem Körper zu tun hatte. Ich weiß noch, dass ich irgendwann bei Ceylan

115

im Zimmer stand und einen ihrer BHs anprobierte, der überhaupt nicht passte. Welche Größe ich brauchte oder worauf ich zu achten hätte, wenn ich mir einen BH zulegen wollte, das wusste ich nicht, und ich traute mich nicht, irgendjemanden danach zu fragen. Den BH empfand ich als viel zu einengend, und nach der Ausbildung entschied ich mich, ganz darauf zu verzichten. Warum sollte ich etwas tragen, das mich zusätzlich einengte – mit dem BH war ich da weit rigoroser als mit anderen Kleidungsstücken. Bis ich mich wirklich damit wohlfühlte, Kleidung zu tragen, unter der sich meine Waden und meine Brüste abzeichneten, verging eine ganze Weile. Ich war das einfach nicht gewohnt, richtete mich in Sachen Kleidung lange nach meiner Familie, die bestimmte, was ging und was nicht. Später beugte ich mich dann den Kleidervorschriften, die mir mein Freund machte. Ich hatte nie etwas anderes als weite Kleidung getragen.

Aber damals siegte irgendwann die Faszination für Formen und Schnitte. Ich fing an, mir Zeitschriften zu kaufen – die Vogue, die Elle, die Cosmopolitan – und mir die Outfits der Stars anzusehen, mir einzuprägen, welche Marken sie trugen, wie sie die Stücke kombinierten und wofür die Marken standen. Ich träumte von Twinsets von Chanel und Taschen von Hermès. Eines Tages selbst ein Kleid von Dior zu tragen, das war für mich ein großer Traum. Inzwischen habe ich ihn mir erfüllt. Durch diese Zeitschriften zu blättern, motivierte mich damals, und ich ging so weit, die Styles, die mir am besten gefielen, auszuschneiden und auf meinen Spiegel zu kleben. Eines Tages kam mein Vater mit Hülya in mein Zimmer geschneit, zeigte auf den Spiegel und rief: «Sieh doch, Hülya, andere Frauen hängen sich Poster von Männern in ihr Zimmer, und meine jüngste Tochter? Die klebt den Spiegel voll mit Frauen.» Er machte eine wegwerfende Handbewegung, schüttelte in gespielter Verzweiflung den Kopf und zwinkerte mir im Hinausgehen schelmisch zu. Er wusste sehr wohl, worum es mir ging. Ein paar Wochen vor diesem Auftritt hatte ich ihm eine Uhr gezeigt und gesagt: «Papi, irgendwann kaufe ich mir diese Uhr. Die ist so wunderschön.» Es war eine goldene Rolex, ultrateuer und dadurch unerreichbar. Unter dem Bild stand eine unvorstellbar hohe Summe, für die ich mit meinem Gehalt mehrere Jahre hätte sparen müssen. Mein Vater schaute sich die Uhr an und seufzte zu meinem Erstaunen: «Das ist eine wirklich schöne Uhr, und wenn ich das Geld hätte, glaub mir, dann würde ich sie dir kaufen.» Ich erwiderte, dass es mir nichts ausmache und die Uhr einfach schön anzusehen sei, aber er verstand trotzdem, dass es um mehr ging als um eine schnöde Uhr.

Mit Mode ging es mir genauso: Ein Kleidungsstück war für mich nicht nur ein Stück Stoff, das in Form gebracht worden war. Es war so viel mehr. Ein gut geschneidertes Kostüm anzuziehen und plötzlich ganz anders zu wirken, ja, von Zeit zu Zeit in eine andere Rolle zu schlüpfen, eine, die ich mir selbst aussuchte, das faszinierte mich. Mit diesen schicken Kleidungsstücken konnte ich schon damals die Frau sein, die ich später einmal sein wollte, und ich konnte ausprobieren, wie sich das anfühlte. Ich war noch nicht so mutig, wie ich es heute bin, denn, ja, es erfordert Mut, sich so zu kleiden, wie man es für richtig hält. Damals war es mir noch viel wichtiger, was andere von meinem Auftreten hielten, wie sie mein Äußeres bewerteten, und trotzdem zog ich mir in der Umkleidekabine und nicht nur dort die dollsten Kombinationen an.

Allerdings war ich mir noch nicht sicher, ob ich es aushalten könnte, ich zu sein, denn je mehr ich ausprobierte und eigene Wege ging, desto größer wurde der Widerstand, der mir insbesondere von meinem Freund entgegenschlug. Ich würde ihn betrügen, ich würde mich mit anderen Männern treffen, ich wolle zu hoch hinaus, das seien wir nicht, ich würde ihn irremachen, hätte absurde Vorstellungen – die Liste der Vorwürfe war endlos, und er wiederholte sie gebetsmühlenartig.

Seine Worte gingen nicht spurlos an mir vorüber, und die Respektlosigkeit, die er mir seit Jahren entgegenbrachte, zeigte Wirkung: Ich verlor auch den Respekt vor ihm. Zu oft hatte ich gehört, ich sei eine Schlampe, zu dies, zu das, zu viel, zu wenig, jedenfalls nie richtig, nie so, wie er mich haben wollte. Es gab keinen Aha-Moment in diesem schleichenden Prozess. Mich zu trennen, das traute ich mich vorerst noch nicht, zu groß war die Angst vor dem Alleinsein, vor der Isolation, in die er mich getrieben hatte, aber innerlich hatte ich mich längst von ihm distanziert. Wie das Pendel einer Uhr schwang ich in jener Zeit hin und her zwischen dem Drang, mich zu verändern, Dinge auszuprobieren, stark und ich selbst zu sein, und der Furcht genau davor.

Praxisblock

Einige Wochen – oder waren es Monate? – nachdem ich meine Ausbildung begonnen hatte, hatte ich meinen ersten Einsatz im Krankenhaus, eine Frühschicht. Das bedeutete für mich: 5:30 Uhr raus dem Haus und rin in die S-Bahn. Ich war guter Dinge, begegnete der bevorstehenden Aufgabe mit der naiven Leichtigkeit einer Anfängerin, die a) noch immer nicht genau wusste, um welchen Fachbereich es sich bei der Gastro-enterologie handelte, und die b) noch immer keinen blassen Schimmer hatte, für welchen Beruf sie sich da eigentlich ent-schieden hatte. Auf dem Weg zur Arbeit malte ich mir aus, wie ich agilen Sportlern mit leichten Verstauchungen im Knöchel einen Verband anlegte, Kindern mit Schürfwunden das Knie mit einem in Desinfektionsmittel getränkten Wattebausch abtupfte, Haushaltswunden verarztete und den sorgenvollen, aber auch geduldigen Angehörigen in einem ruhigen Moment Mut zusprach. Jedem mir anvertrauten Patienten würde ich mich mit Hingabe widmen und ihm die Hilfe und Zuwen-dung angedeihen lassen, derer er bedurfte.

Die Realität sah dann ganz anders aus. Nach der Über-gabe fing um sieben Uhr morgens der Dienst am Patienten an: Frühstück und Tabletten austeilen, Blutdruck messen und da-nach alles wieder abräumen, die Betten frisch beziehen, den zumeist alten Menschen rechtzeitig zur Toilette helfen, die

Dokumentation machen. Und das alles stets mit einem irren Zeitdruck, weil schon die nächste Aufgabe drängte: Bettpfannen ausleeren, frische Bettwäsche bringen, Ärzte informieren, die Fragen der Angehörigen beantworten. Als ich das erste Zimmer auf der Gastroenterologie betrat, musste ich mich zusammenreißen, um vor Schreck nicht laut aufzuschreien: In den Betten lagen Menschen mit wächsernen, gelben Gesichtern, denen es so schlecht ging, dass sie kaum mehr zu irgendeiner Interaktion in der Lage waren. So etwas hatte ich noch nie gesehen. Auf dieser Station, das wurde mir nach und nach klar, landeten Patienten mit Beschwerden im Magen-Darm-Trakt, mit der Leber oder der Bauchspeicheldrüse.

Danach brachte ich einer Frau ihr Essen, die unter Morbus Crohn litt. Im Verlauf der Krankheit hatten sich in ihrem Bauchraum mehrere Fisteln gebildet. Als ich das Essen wieder abholte, machte sie sich gerade daran, Teile des Frühstücks mit einer Pinzette aus den Fisteln zu ziehen, um sie sauber zu halten. Ich war so schockiert von dem Anblick, dass ich mich kaum noch traute, die nächste Tür zu öffnen, aus Angst, dass dahinter noch größeres Leid lauerte. Und so war es auch. Auf der übrigen Station traf ich auf Menschen, die am Ende ihrer Kräfte waren – alt, gebrechlich, oft allein – und die auf Pflegekräfte angewiesen waren, die kaum eine Minute Zeit hatten, um sich die Sorgen und Ängste dieser Leute anzuhören. Jede Bitte, alles, was außer der Reihe passierte, konnte dazu führen, dass die eng getakteten Abläufe nicht mehr einzuhalten waren.

An meinem ersten Tag kam ich irgendwann am Nachmittag dazu, eine Kleinigkeit zu essen und das Erlebte sacken zu lassen. Aber erst als ich nach Hause fuhr und erschöpft die Tür zu unserer Wohnung aufschloss, spürte ich, wie viel mir dieser

Tag wirklich abverlangt hatte. Müde und überfordert brach ich weinend auf dem Sofa zusammen. Das war nicht das, was ich mir unter dem Beruf der Krankenschwester vorgestellt hatte.

Ein Gutes hatte das Ganze dann doch. Das erste Mal seit Jahren zeigte ich gegenüber meinen Eltern meine Gefühle. Und ich wurde überrascht. Nachdem sie mir anfänglich nur vorsichtig über die Schulter gestreichelt hatte, zog meine Mutter mich auf ihren Schoß und strich mir über die Haare. In jenem Moment weinte ich nicht nur aus Angst davor, eine falsche Entscheidung getroffen zu haben, sondern auch darüber, dass es so lange gedauert hatte, bis meine Mutter und ich einander zeigen konnten, dass wir uns etwas bedeuteten.

Auf das Weinen folgte ein langes Gespräch mit meinen Eltern. Ständig ging mir nur ein Satz durch den Kopf: *Ich kann das nicht, ich kann das nicht, ich kann das nicht.* Aber meine Mutter strich mir weiter beruhigend über den Rücken, und mein Vater bat mich, nicht leichtfertig wegzuwerfen, was ich mir erarbeitet hatte. Er erzählte mir von seiner Ausbildung, einer Zeit, in der er Probleme gehabt hatte, alles zu verstehen, was ihm sein Meister erklärte, weil sein Deutsch noch nicht so gut gewesen war, und wie oft er damals gedacht hatte, er werde es nie lernen. «Und jetzt schau, was daraus geworden ist, meine Tochter.» Ich sah das Flehen in seinen Augen und beschloss, die Zähne zusammenzubeißen.

Der Einsatz auf der Station war ein Vorgeschmack auf die nächsten acht Jahre, in denen ich wie so viele andere Pflegekräfte die Grenzen meiner Leistungsfähigkeit überschreiten sollte, um den Patienten, den Angehörigen, den Ärzten und Kollegen und nicht zuletzt meinen eigenen Ansprüchen gerecht zu werden.

Music was my first love

Die eine Sache, die immer eine Rolle in meinem Leben gespielt hatte, gewann während der Ausbildung wieder an Bedeutung für mich – die Musik. Als Kind hatte ich in Lankwitz in einem evangelischen Kinderchor gesungen, ein Kind mit schwarzen Haaren zwischen lauter blonden Engeln. Wir sangen Kirchenlieder, die sich, ich erinnere mich vage, häufig um ein kleines Senfkorn drehten und darum, dass man irgendwas allen weitersagen sollte. Außerdem waren wir offenbar sehr dankbar für den Morgen. Zu Hause vermischten sich in jener Zeit die türkische Dorfmusik und die religiösen Gesänge, die meine Großmutter bei ihren Besuchen immer anhörte, mit ganz anderen Klängen: Mein Bruder, der sich in den Neunzigern stilecht als Sprayer betätigte, tauchte vollständig in die damit verbundene Kultur ein und machte amerikanischen Rap in unserer Wohnung «salonfähig». Als ich etwa sieben, acht Jahre alt war, rappte Snoop Dogg, damals noch Snoop Doggy Dogg, in unserem Kinderzimmer davon, wie er durch die Straßen fuhr und an seinem Gin and Juice nippte, während Notorious B. I. G. uns seine tighten Reime um die Ohren haute und uns anwies: *Don't let em hold you down / reach for the stars*, bis sie beide von 2Pac und seinem Album *Me against the World* abgelöst wurden. Mit dem Chor war es schon vor dem Umzug nach Neukölln vorbei, zu Hause liefen N. W. A. und Dr. Dre. Es waren die Neunziger und damit die große Zeit von Lauryn Hill. TLC landeten mit *Waterfalls* ihren ersten großen Hit und bereiteten den Weg für Destiny's Child und viel später für Beyoncé. Madonna brachte mit *Ray of Light* eines ihrer erfolgreichsten Alben heraus, Eminems große Zeit brach an, und ich? Ich hörte Jessica Simpson, schnitt Bilder von ihr aus Zeitschriften aus und sammelte sie in einem Album – der totale Kitsch.

Ich weiß nicht, wie ich von dieser schiefen Bahn wieder herunterkam, aber gegen Ende der Ausbildung hatte ich die Bilder entsorgt und hörte mich stattdessen durch die Musik der Sechziger. Soul war meine neue Leidenschaft. Billie Holiday, Ella Fitzgerald, Aretha Franklin, Etta James, Nina Simone – das war Musik nach meinem Geschmack, ist es bis heute. Da ist so ein tiefer Schmerz, der sich durch diese Musik zieht, er erinnert mich an türkische Musik. Ich kann es nicht wirklich in Worte fassen, aber wenn ich diese Musik höre, bringt das in mir eine Saite zum Klingen. Ich fing wieder an zu singen, nach der Arbeit suchte ich die Texte zu den Songs im Internet, druckte sie mir aus und lernte sie auswendig. Stundenlang verschwand ich in meinem Zimmer, um zu singen oder mir auf einer Plattform namens YouTube, die 2005 von drei amerikanischen Jungs gegründet worden war, Musikvideos meiner liebsten Soul-Diven anzusehen. Doch ich klickte mich auch durch die Kanäle von Usern, die wie ich in ihren Zimmern saßen und der noch jungen Plattform Leben einhauchten – ihr Leben. Heute ist YouTube ein unerschöpflicher Fundus aller möglichen Videos – von Beauty-Tutorials über Aufklärungsvideos bis hin zu gut recherchierten Reportagen, dem täglichen Yoga-Workout und den allgegenwärtigen

Katzenvideos ist alles dabei. Vieles davon ist professionell produziert oder von kommerziellen Anbietern eingestellt. Mitte der Zweitausender nutzten die meisten Leute das Netzwerk aber eher passiv, schauten sich wie ich Musikvideos und Clips anderer Leute an und abonnierten ihre Lieblingskanäle. Wenn doch mal jemand einen Kanal bespielte, waren die Videos laienhaft zu Hause am Schreibtisch aufgenommen, bei schlechten Lichtverhältnissen und ganz simpel mit der integrierten Laptop-Kamera und dem dazugehörigen Mikro. Das klang natürlich furchtbar und war nicht unbedingt schön anzusehen, hatte aber doch seinen Reiz: Mit nur wenigen Klicks konnte man Teil einer engagierten Online-Community werden, deren Mitglieder sich miteinander austauschten und gemeinsam ihrer Leidenschaft nachgingen. Es war eine neue Welt, und ich war fasziniert. Es war zu Hause in Neukölln, wo ich meinen ersten Kanal eröffnete. In dem ersten Video, das ich am Schreibtisch sitzend drehte, sang ich einen Song von Amy Winehouse, alles ganz amateurhaft und just for fun. Nach einigen Tagen hatte ich zwei Follower. Das war mein erster kleiner Erfolg, und ich war stolz wie Oskar, dass es irgendwo da draußen zwei Menschen gab, die mich gerne singen hörten. Als Jenni davon Wind bekam, war sie es wieder, die mich pushte. Ich kann gar nicht mehr zählen, auf wie viele Konzerte sie mich während meiner Ausbildung schleppte – Beyoncé, Alicia Keys, Amy Winehouse, Nelly Furtado …

Wenn ich Musik höre oder selbst singe, dann fällt alles von mir ab, ich lasse alles raus, was sich angestaut hat – gerade Soul lebt ja vom emotionalen Vortrag und von dramatischen Kompositionen. Heute höre ich auch wieder mehr türkische Musik als früher. Damals fand ich die traurigen Lieder meiner

Mutter peinlich, die sich um tragische Liebesgeschichten, um den Verlust der Heimat und Trennungsschmerz drehten, aber heute spricht das auch in mir eine melancholische Seite an, die ich nicht mehr unterdrücke. Es kann vorkommen, dass ich zu Hause am Schreibtisch ein Video schneide, dabei meine Lieblingssongs höre, zum Beispiel *I'd rather go blind* von Etta James, und dann in eine Stimmung verfalle, die geradezu nach türkischer Musik verlangt. Dann schalte ich Musa Eroglu ein, und es fließen ein paar Tränen. Manchmal denke ich, diese Tränen sind nicht nur meine. Es sind auch die Tränen meiner Mutter und meiner Schwestern, die Tränen so vieler Frauen, die ihre Heimat oder ihre Familien verlassen haben, um neu anzufangen. Ich glaube, ich habe lange Zeit versucht, diesen Teil meiner Identität loszuwerden, die türkischen Wurzeln und den Schmerz hinter mir zu lassen. Ich hatte den Eindruck, ich müsse mich zwischen zwei Welten entscheiden, dass beides nicht vereinbar sei, aber es stellte sich heraus, dass das nicht stimmt. Wenn ich mir heute bei Spotify meine Playlists ansehe, das ansehe, was ich höre – Soul, türkische Musik, Rap –, dann erkenne ich, dass alle Teile von mir in der Musik lebendig werden können. Es geht also – es kann alles nebeneinander sein.

Und trotzdem überkommt mich von Zeit zu Zeit der Wunsch nach Klarheit, steigt in mir die Frage auf: Wer bist du denn nun? Eine Frage, die ich mir immer dann stelle, wenn ich auf eine Grenze stoße, die mich vollkommen überrascht, weil ich sie nicht in mir trage, sondern sie mir von außen vorgesetzt wird. Wenn ein Zuschauer mir schreibt, türkische Frauen hätten immer eine so angenehme Stimme, wenn meine Verwandten in der Türkei sagen, ich sei so deutsch geworden, wenn mein Neffe aus der Kita nach Hause kommt und seine Mutter fragt: «Mama, sind wir deutsch oder sind wir türkisch?» Mein Neffe gehört der zweiten Generation von Kindern in meiner Familie an, die hier in Deutschland geboren wurden, und doch stellt sich ihm, einem Dreijährigen, diese Frage. Wann hört das auf? In solchen Momenten weicht die Offenheit, mit der ich lebe, einem seltsamen Gefühl von Fremdheit.

Geschafft!

Nach drei Jahren legte ich die Prüfung als Krankenschwester ab – schriftlich, praktisch, mündlich. Einen Teil der Prüfung musste ich wiederholen, aber am Ende hielt ich mein Examen in der Hand – ich war examinierte Gesundheits- und Krankenpflegerin. In den letzten drei Jahren hatte ich viel gelernt: dass es manchmal gut ist, die Zähne zusammenzubeißen und dranzubleiben, dass auf schlechte Tage irgendwann gute folgen und dass kaum etwas wichtiger ist als Gesundheit. Als ich mittags nach Hause kam, in die Werkstatt meines Vaters ging und ihm stolz mein Staatsexamen zeigte, breitete sich ein strahlendes Lächeln auf seinem Gesicht aus. Mit geschwellter Brust ging er mit mir nach oben in die Wohnung und präsentierte meiner Mutter die Urkunde. Der traten die Tränen in die Augen, sodass sie die Hände vors Gesicht schlug, erst meinem Vater die stoppelige Wange tätschelte und dann mir über die Haare strich, um sich kurz in die Küche zu verabschieden und eine Zigarette zu rauchen – zur Beruhigung. Mein Vater und ich blieben allein zurück. Und dort, in der kleinen Wohnung mit den niedrigen Decken, ergriff er meine Hände und sah mich ernst an. «Meine Tochter», sagte er. «Ich weiß, du wünschst dir nichts mehr, als die Welt zu sehen. Ich bin selbst weit gereist, aber meine Reisen haben mich immer nur zwischen meiner Heimat und meinem neuen Zuhause hin- und hergeführt. Jetzt bin ich zu alt, um mich noch einmal aufzumachen, aber das, was ich nicht konnte, das will ich dir ermöglichen. Schau dir dein geliebtes New York an.»

Erst verstand ich gar nicht, was er mir sagen wollte, bis der Groschen fiel: Er wollte mir eine Reise nach New York ermöglichen. Seit Jahren träumten Jenni und ich davon, über den Großen Teich zu fliegen, einmal den Big Apple zu besuchen und bei der Gelegenheit ein großes Stück davon abzubeißen. Ich fiel aus allen Wolken und meinem Vater um den Hals. Damit hatte ich nicht gerechnet. Und damit wären wir wieder am Anfang dieses Kapitels. Mitte März 2008 saß ich in einem Flieger nach New York und ließ Berlin hinter mir.

Über den Tellerrand

New York war eine Offenbarung. Diese Stadt mit den Wolkenkratzern, die so hoch in den Himmel aufragten, dass mir schwindelig wurde, wenn ich den Kopf in den Nacken legte und versuchte, ihre Größe zu erfassen, übertraf all meine Erwartungen. Allein in einem der gelben Taxis zu sitzen, die ich sonst nur aus Hollywood-Filmen kannte, war ein verrücktes Erlebnis, doch in einem Hotel wie dem Essex House einzuchecken und von hoch oben den Blick über den Central Park und die angrenzenden Wohngegenden schweifen zu lassen, das war unfassbar. Alles, was ich in New York sah und erlebte, war neu für mich. In dieser Stadt eröffnete sich mir ein Einblick in eine fremde Welt, das war nicht mehr nur ein Traum, das war das Leben, und ich war mittendrin. Jede neue Entdeckung löste Begeisterung in mir aus: Dass man die Tür zum Hotelzimmer mit einer Chipkarte öffnete, dass man mit der gleichen Karte den Strom im Zimmer einschaltete, dann das riesige, unfassbar gemütliche Bett, ein eigenes Badezimmer, Nachtlichter, die angingen, wenn man im Dunkeln aufstand – ich war ein Mädchen aus Neukölln, das sich in einem Hotel in New York wiederfand. Ihr könnt euch vorstellen, wie mir die Augen übergingen. Noch nie zuvor hatte ich einen solchen Ausblick und einen solchen Luxus genossen!

Den ersten Punkt auf unserer Bucket List, damals nannten wir das noch To-do-Liste, hakten Jenni und ich noch am selben Abend ab. Mit knurrendem Magen machten wir uns auf zu einer der typischen New Yorker Pizza-Buden. Wie das duftete, als wir den kleinen Laden betraten! Wir wollten eines dieser riesigen Pizzastücke, die wir in den Serien und Filmen aus Hollywood gesehen hatten, und vor uns in der Vitrine lag ein Wagenrad von einer Pizza, so dick mit Käse belegt, dass er an den Seiten heruntertroff. Jenni bestellte, weil ich mit meinem Schulenglisch viel zu viel Schiss hatte. «This pizza», meinte sie. Der Mann hinter der Theke mit dem Hütchen, dem vom Arbeiten am Ofen der Schweiß auf der Stirn stand, musterte uns halbe Portionen von oben bis unten – lange dauerte das nicht bei meinen 1,51 Meter – und hakte dann entgeistert nach: «This pizza?» Jenni nickte nachdrücklich, und wir suchten uns einen Platz an einem der schmalen Holztische mit den rot-weiß karierten Tischdecken. Wenig später – ich wollte meinen Augen kaum trauen – balancierte der Kellner das Wagenrad von Pizza auf uns zu, das wir eben noch durch das Glas der Vitrine hindurch angeschmachtet hatten, und stellte es vor uns ab. Ich schwöre euch, so still war es in dem Laden mit Sicherheit noch nie. Alle Blicke richteten sich auf uns. Und wir? Wir konnten uns kaum noch halten vor Lachen, sodass auch der Rest des Restaurants und der Pizzabäcker mit einstimmten. Nachdem wir das Missverständnis aufgeklärt hatten, bekamen wir unser Stück Pizza – und selbst das hätte ich fast nicht geschafft. Unser erster Abend in New York hätte fettiger nicht sein können.

Auf den Brettern, die die Welt bedeuten

Um uns einen Überblick zu verschaffen, hatten wir für den nächsten Tag eine Hubschrauber-Tour über New York gebucht, und bei dieser Tour lernten wir Dave kennen. Dave war ein typischer Amerikaner: offen, herzlich, unverbindlich. Nach dem unvergesslichen Flug – unvergesslich, weil ich davor etwas Falsches gegessen haben muss und hoch oben über New York die ganze Zeit das Gefühl hatte, schleunigst eine Toilette aufsuchen zu müssen – bot Dave an, uns New York bei Nacht zu zeigen. Er kannte sich mit Graffitis aus und wollte uns zu den neuesten Werken der angesagten Sprayer führen. Ob das wirklich so war, bezweifle ich heute, aber die Tour machte trotzdem Spaß. Wir erkundeten die Stadt zu Fuß, was mir weit besser gefiel, als in einer kleinen Blechbüchse über ihr zu kreisen. Nichts machte mir mehr Freude, als die Bewohner dieser Stadt zu beobachten: wie sie sich bewegten, wie sie sich kleideten und schminkten. Alle sahen in meinen Augen besonders aus, anders als in Berlin, mondäner, schicker, weltgewandter. Sie erschienen mir wie die Bewohner einer anderen Welt – was sie ja auch waren. Ich war in ein Flugzeug gestiegen und etwa neun Stunden später an einem Ort gelandet, der an allen Ecken und Enden Dinge bereithielt, die mir neu und fremd waren. Und dieses überwältigende Gefühl, aus allen Routinen auszubrechen und für die Spanne von ein paar

Tagen die Freiheit zu genießen, zu tun, was ich wollte, zu sein, wer ich wollte, das war unbeschreiblich.

An jenem Abend verabschiedeten wir uns nach der Tour von Dave, der am nächsten Morgen früh arbeiten musste, und zogen auf der Suche nach einem Club noch alleine weiter durch die Straßen von Manhattan. Rein kamen wir allerdings nirgendwo, weil Jenni noch keine 21 war. Bis sich der Türsteher eines Clubs unser erbarmte und uns einließ. Als wir unsere Mäntel an der Garderobe abgegeben hatten und durch den schweren Vorhang den Club betraten, fielen uns fast die Augen raus. Vor uns stolzierten Damen in den schillerndsten Outfits herum, sie waren geschminkt in den gewagtesten Farben, überall klimperten künstliche Wimpern von einer Länge, die ich damals noch nicht für möglich gehalten hätte. Pailletten hier, knappe Höschen da und überall Federboas, kleine knallbunte Hütchen, von giftgrün über orange bis hin zu quietschrosa. Wir waren in einem Travestie-Club gelandet. Ich wollte schon rückwärts wieder rausgehen – so etwas kannte ich aus Berlin nicht, noch weniger aus Neukölln –, aber Jenni schob mich vor sich her an einen kleinen Tisch. Ein Augenzwinkern später stand auch schon die Bedienung vor uns, ein Travestiekünstler, der eine blonde Plastikperücke trug, wunderschön geschminkt, Contouring vom Feinsten, und das zu einer Zeit, da ich Contouring noch nicht mal hätte buchstabieren können. Er hatte nichts als einen knappen rosa Bikini mit weißen Punkten am Leib – ich konnte alles sehen, alles und noch mehr. Alter Schwede, das war eine Herausforderung für das Mädchen aus Neukölln, das ich damals war. Jenni bestellte Cocktails – für mich einen alkoholfreien –, die ebenso bunt waren wie das Volk, das sich im Club tummelte, und als der Vorhang sich öffnete und die ersten Damen ihr Bühnenprogramm zeigten, warf ich alle Ängste über Bord. Alle waren so herzlich und offen, und neben mir saß ja auch noch Jenni, dieses Energiebündel, das voller Tatendrang war: «Du gehst da jetzt rauf, Schatz, wer weiß, wer hier im Publikum sitzt. Komm, schon, du musst auf diese Bühne, du singst so toll!» Irgendwann hatte sie mich so weit, ich erlaubte ihr, mich anzumelden. Gefühlt dauerte es nur einen Wimpernschlag, bis ich auf der Bühne stand und das Publikum erwartungsvoll zu mir hochsah. Nie zuvor hatte ich solches Herzklopfen, es fühlte sich an, als wollte mir das Herz aus der Brust springen, so heftig pochte es in meinem Brustkorb, und ich war kurz davor, einen Rückzieher zu machen, aber da erklang schon die Musik, jemand drückte mir das Mikro in die Hand und flüsterte: «Your moment, darling.» Ich weiß nicht mehr, was ich sagte, oder ob ich überhaupt irgendetwas sagte, aber als ich *A Natural Woman* von Aretha Franklin anstimmte, einen Song, den ich damals rauf und runter hörte, war alles, was um mich herum geschah, vergessen. Es war so erstaunlich. Ich fühlte mich wohl. Ich wusste, was zu tun war, und ich tat es. Es war wie Fliegen, als wäre ich schwerelos, befreit von all der Last, die mich sonst am Erdboden hielt. Gleichzeitig war ich ganz da, ganz im Augenblick, mit allem, was ich zu bieten hatte. Als die Musik verstummte und ich das Mikro sinken ließ, brummte der kleine Club in Manhattan, so laut jubelten und klatschten die Gäste, und als ich zurück zu meinem Platz ging, drückten mir die Ladys mit ihren geschminkten Mündern Küsse auf die Wangen und klopften mir auf die Schulter, und am Tisch wartete Jenni, die immer wieder wiederholte: «Du wirst ganz bestimmt Sängerin, Hati. Ich weiß es. Du wirst ganz bestimmt Sängerin.»

An diesem Abend fiel ich beseelt in unser flauschiges Hotelbett. So also fühlte es sich an, wenn man das tat, wofür man brannte, wenn man eine Passion hatte und sie auch ausleben konnte. Bevor ich einschlief, beschloss ich, dieses Gefühl niemals wieder zu vergessen und es zu hegen und zu pflegen, denn davon wollte ich mehr.

Neue Horizonte

Der Urlaub in New York verging viel zu schnell, jeden Tag erlebten wir so viel. Wir suchten Ostereier im Central Park, aßen zum ersten Mal in einem Sternerestaurant, blamierten uns zum ersten Mal in einem Sternerestaurant, schauten uns ein äußerst freizügiges Musical auf dem Broadway an – ich werde heute noch rot – und erkundeten auf Fahrrädern die Stadt. Es war nicht ein einzelnes dieser Erlebnisse, das mich für New York einnahm. Es war vielmehr eine Stimmung, die von mir Besitz ergriffen hatte. Zwischen den dampfenden Gullydeckeln, den gelben Taxis, die sich durch den dichten New Yorker Verkehr schoben, und den Wolkenkratzern, die so hoch in den Himmel aufragten, pulsierte das Leben hektisch und zugleich wie selbstverständlich in einer ungeahnten Vielfalt und Freiheit. Die Menschen, die Sprachen, die Gerüche und die Mentalitäten kulminierten hier in dem Gefühl, dass einfach alles möglich war. Ich verstand, dass die Welt, von der ich bisher gedacht hatte, ich würde sie kennen, weil ich sie mir in Filmen und Dokumentationen angesehen hatte, viel mehr bereithielt, als ich ermessen konnte. Ich verstand, dass ich mir nur eingebildet hatte, etwas über das Leben zu wissen. Und das machte mich durstig. Ich wollte mehr von dieser Welt sehen, mehr Menschen und ihre Lebensweise kennenlernen, wollte noch weiter raus in die Welt.

Nach dieser ersten Reise unternahm ich noch viele weitere. Nach Miami, wo sich alles um Körper und nackte Haut, um dicke Autos, Bling-Bling und den blanken Glanz der Oberflächlichkeit dreht. Nach Australien, wo ich zum ersten Mal tauchte und mir die überwältigende Farbenpracht und Artenvielfalt des Great Barrier Reef die Schönheit der Natur vor Augen führte; wo ich meine Angst überwand und mit Haien schwamm; wo die Menschen, die ich kennenlernte, eine Ruhe und Gelassenheit ausstrahlten, wie man sie wohl nur am anderen Ende der Welt finden kann. Nach Hawaii, wo das Wetter Kapriolen schlug, die Sonne auf uns herabbrannte und es trotzdem regnete; wo die Kraft der Natur sich allein daran zeigte, dass wir festen Boden unter den Füßen hatten, der einst flüssiges Magma gewesen war. Und nach China, wo wir uns mit Shanghai eine der größten Städte der Erde ansahen und bei einer Teezeremonie in eine jahrhundertealte Tradition eintauchten. Ich habe Europa bereist, war in Rom, wo mein Mann und ich uns eine Vespa mieteten und damit wie in «Ein Herz und eine Krone» durch die Stadt sausten, war in Mailand, Paris, London … Und in Deutschland, in Düsseldorf, Köln, Frankfurt, München und Hamburg an der schönen Elbe, und wer weiß wo sonst noch. All das habe ich mir angesehen, aber der Durst auf das Fremde und Neue, den verspüre ich auch heute noch. Ich habe noch immer Lust, zu lernen und meinen Horizont zu erweitern. Die Vielfalt dieses Planeten begeistert mich, und in dieser Begeisterung nimmt die Angst vor dem Fremden immer weniger Raum ein.

In jener Zeit, den Jahren meiner Ausbildung, die angefüllt waren mit neuen Erfahrungen, in denen sich mir so viele neue Welten erschlossen – der Klinikalltag, die Welt des Geldes, der Musik, Jennis Welt, die meiner Kollegen und Freunde, anderer Kulturen, Unterwasserwelten –, in jener Zeit verschwanden die Träume, in denen ich verzweifelt auf der Stelle trat. Sie wurden abgelöst von dem wiederkehrenden Traum von Wasser. In ihm bewegte ich mich schwerelos durch die glasklaren Fluten, ich war wie von einer Strömung getragen, alle Anstrengung war von mir abgefallen, und um mich herum schwammen schillernde Fische in allen erdenklichen Formen. Ich war ganz ruhig und zugleich voller Abenteuerlust. In vielen Kulturen sind Träume sehr wichtig, und sie zu deuten, gilt als eine hohe Kunst. Wer von Wasser träumt, so erklärte mir meine Mutter, den erwartet ein erfülltes Leben. Für mich, die ich so lange von Stillstand geträumt hatte, spiegelte das Wasser den Wandel wider, den ich erlebte. Ich meine nicht nur die wechselnden Eindrücke, sondern auch das Gefühl, dass etwas in mir selbst in Bewegung kam. Ich träumte nicht mehr nur, ich verwirklichte meine Träume.

Kopf hoch, Brust raus –
Aufbruch zu mir

Schlussstrich

Die Reise nach New York hatte mich verändert. Ich kehrte mit einem Gefühl von Stärke zurück nach Berlin. Als wir in Tegel landeten, stieg ich entschlossen und mit geradem Rücken aus dem Flugzeug, und der Erste, der diese neue Sicherheit zu spüren bekam, war Samir. Schon in den Wochen und Monaten vor der Reise nach New York hatte es heftig zwischen uns gekriselt, so heftig, dass wir von Zeit zu Zeit tagelang keinen Kontakt hatten. Wenige Wochen nach meiner Rückkehr nach Berlin platzte mir dann der Kragen.

Nach meiner Ausbildung wurde ich zwar übernommen, war aber noch eine Zeitlang arbeitssuchend gemeldet, und Samir begleitete mich zu einem Termin beim Arbeitsamt. Er schlunzte neben mir her, die Hände in den Taschen, und kaute schmatzend Kaugummi. Auf halber Strecke, wir schwiegen uns schon den ganzen Weg über an, rotzte er den Kaugummi direkt vor meine Füße auf den Gehweg. Von außen betrachtet war es nur eine winzige Kleinigkeit, nichts, was mich an anderen Tagen aus der Ruhe gebracht hätte, aber an jenem Tag war es dieser eine Tropfen – oder dieser eine Rotz –, der das Fass für mich zum Überlaufen brachte. Dieses immer und überall auf den Boden Ausspucken kannte ich so gut von den Jungs aus meiner Schulzeit, und ich hielt und halte es für eine unerträgliche Unart – und das wusste Samir. In dem Moment war es, als träte er all meine Bemühungen, mich aus dieser Welt hinauszuarbeiten, mit Füßen, wie er all meine Träume, meine Ambitionen, mein Selbstwertgefühl – mich – immer mit Füßen getreten hatte. Mitten auf der Straße stellte ich ihn zur Rede, schleuderte ihm all die Wut entgegen, die ich bis dahin fest in mir verschlossen hatte. Aber ein Streit, eine wirkliche Auseinandersetzung auf Augenhöhe, das war mit Samir zu jener Zeit nicht möglich. Ich sagte, was zu sagen war. Zum Schluss drehte ich mich einfach um und ging. Im Gehen hörte ich hinter mir seine Stimme – drohend: «Wenn du jetzt gehst, dann gehst du für immer.» Ich sah mich nicht mehr um. In Gedanken wiederholte ich gebetsmühlenartig die immer gleiche Zeile: *Geh, Mädchen, geh weiter! Es ist vorbei, für immer.*

Freiheit

Zwei oder drei Wochen lang fühlte ich mich unantastbar, es war ein unglaubliches Gefühl von Freiheit und Selbstermächtigung. Doch auf das Hoch folgte unmittelbar das Tief: die Trauer über den Verlust des Menschen, der fast sieben Jahre lang mein Leben bestimmt hatte. Was habe ich geweint! Obwohl ich wusste, dass ich die richtige Entscheidung getroffen hatte, fühlte ich mich verloren. Ich will nicht sagen, dass ich mich nach Samirs Vorschriften sehnte, danach, dass er mir sagte, was ich zu tun und zu lassen hätte, aber ich sehnte mich nach der Struktur und der Einfachheit, die mein Leben unter seinen Regeln und Normen angenommen hatte. Sieben Jahre lang war es Samir gewesen, der auf die meisten meiner Fragen die Antwort gegeben und in allem das letzte Wort gehabt hatte. Mit einem Schlag wurde mir bewusst, dass ich ab jetzt ganz allein für mein Leben verantwortlich sein würde. Dass ich entscheiden müsste, was sich für mich gut und richtig anfühlte, und dass ich auch dafür verantwortlich wäre, wenn es das nicht tat. Für Menschen, die nie in solchen Strukturen gelebt haben, mag das seltsam klingen. Wie kann man jemanden vermissen, der dich einengt und bevormundet? Doch um das zu begreifen, muss man sich nur umsehen. Wie viele Leute sehnen sich heute wieder nach klaren Regeln, nach einem «starken Mann» in der Politik oder nach Ab- und Ausgrenzung? Da sind sie wieder, die klaren Linien, mit denen alles so hübsch eingeordnet und abgegrenzt werden kann. Auf den ersten Blick macht das vieles einfacher: Es gibt ein klar umrissenes Ich, klar umrissene Zugehörigkeiten, klar umrissene Werte, und alles kann fein säuberlich in Schubladen verstaut und abgelegt werden, damit sich nichts mehr bewegt – alles unter Kontrolle. Die niederschmetternden Worte meines Freundes waren für mich auch Worte der Beruhigung gewesen: «Das sind wir nicht.» Das war ein Grund gewesen, weniger zu wollen, weniger unzufrieden zu sein, nach weniger zu streben: Ich würde ja, aber Samir … Mit dem Wegbrechen dieser Worte brachen auch die letzten Grenzen weg, ich konnte mich nicht mehr beruhigen, ich konnte nicht mehr glauben, dass alles so sein sollte, wie es war, dass ich einfach ausharren sollte an meinem Platz.

Ein für alle Mal

Kaum drei Monate nachdem wir uns getrennt hatten, besuchte ich meine Schwester Hülya im Café Süß an der Ecke Sonnenallee und Hermannplatz, wo sie sich etwas Geld dazuverdiente. Ich setzte mich an einen der Tische, arbeitete an meinem Laptop und nippte an meinem Tee, während Hülya hinter der Ladentheke die Gäste bediente. Plötzlich meinte sie: «Hatice, da draußen ist Samir.» Ich sah sie ungläubig an, hatte ich doch seit Monaten nichts mehr von ihm gehört oder gesehen. Wie in Trance stand ich auf und ging hinaus. Draußen an der Ampel wartete ein geschmückter Wagen, Blumen prangten auf der Kühlerhaube, und am Steuer saß der Junge, mit dem ich sieben Jahre zusammen gewesen war. Er trug einen Anzug, auf der Rückbank saß eine wunderschöne Braut in einer glitzernden Wolke aus Tüll und Seide, eingerahmt von Samirs Mutter und seiner Schwester. Wie alt war das Mädchen? Gerade achtzehn? Es war Frühling, um mich herum pulsierte das Leben, Menschen überquerten die Straße, trugen Einkäufe nach Hause, überall hupende Autos, der Geruch der Abgase, die Wärme der Sonne auf meiner Haut. Die getönten Scheiben des Wagens waren unten. Als unsere Blicke sich trafen, stiegen ihm die Tränen in die Augen, doch er sagte nichts, ich spürte, dass ihm das alles unangenehm war. Mir schoss eine Frage nach der anderen durch den Kopf:

Wann hatte er dieses Mädchen kennengelernt? Wann hatte er entschieden, sein Leben mit ihr zu teilen? Wann hatte er sich mit ihr verlobt? Wann die Hochzeit geplant, das Auto gemietet, die Verwandten und Freunde eingeladen? Wann? Ich sah von ihm zu seiner Braut auf dem Rücksitz und wieder zurück. Dann sagte ich: «Ich wünsche euch viel Spaß auf der Hochzeit und alles Gute für die Zukunft.» Die Ampel sprang auf Grün. Ich drehte mich um und ging, während Samir davonfuhr.

Aufstehen

Es dauerte einige Zeit, bis ich wieder Boden unter den Füßen hatte. Ich ging arbeiten, trat eine Stelle in der Unfallchirurgie an und wechselte nach drei Jahren in die Kardiologie in ein Team von jungen Pflegern, Krankenschwestern und Ärzten, die gut zusammenarbeiteten. Die Routinen, die ich aus meiner Ausbildung kannte, trugen mich durch den Tag, und die Welt, so stellte sich heraus, drehte sich auch ohne Samir weiter.

In jener Zeit ging mein Vater dazu über, mich zur Klinik zu fahren, wenn ich Nachtschicht hatte, und eines Abends, als wir wieder durch die breiten Straßen von Berlin fuhren und die Lichter über unsere Gesichter flackerten, nahm er eine Hand vom Steuer und legte sie auf meine: «Sei nicht traurig, meine Tochter, solche Dinge geschehen.» Er hatte natürlich bemerkt, dass es mir schlechtging, wahrscheinlich ahnte er, was vorgefallen war, aber er hatte sich nichts anmerken lassen und sich nicht eingemischt, das war nicht seine Art. Der Mann der ruhigen Momente, das ist er auch heute noch. Er scheint ein Gespür dafür zu haben, wann seine Kinder eine Ermutigung oder ein paar weise Worte brauchen. Manchmal habe ich den Eindruck, mein Vater, den ich stets nur am Rande unseres Familienlebens wahrgenommen habe, hat uns von dort aus sehr genau beobachtet, hat gesehen, wie wir uns durchs Leben kämpften und dabei erwachsen wurden. Wie wir uns zu vier eigenständigen Persönlichkeiten entwickelten und unseren Sehnsüchten folgten, die ihm selbst vielleicht fremd waren, die er aber trotzdem zu verstehen versuchte. Ich glaube, wir gleichen uns mehr, als mir lange bewusst war, und deshalb steht die Geschichte meiner Eltern am Anfang dieses Buches. Wir dürfen nicht vergessen, woher wir kommen. Die Geschichte der Kinder lässt sich nicht trennscharf abgrenzen von der Geschichte der Mütter und Väter, sosehr wir uns das auch manchmal wünschen mögen und sosehr wir auch manchmal glauben, nichts mit ihnen gemein zu haben. Gerade die Frauen in unserer Familie bekamen das immer wieder zu spüren.

Dass mein Vater an jenem Abend meine Hand nahm, war nicht selbstverständlich. Aber solche Gesten der Zuwendung häuften sich, je älter wir wurden. Ich weiß, dass mein Vater bereut, uns als Kinder nie in den Arm genommen oder uns über den Kopf gestreichelt zu haben, aber ich hege keinen Groll gegen ihn, er hat uns auf so vielen anderen Wegen Gutes getan. Dass er jetzt in seinem hohen Alter den Mut gefunden hat, einen Neuanfang zu wagen, halte ich für eine große Stärke: Mein Vater hatte immer wieder den Mut, sich selbst zu hinterfragen und sich zu ändern.

Klinikalltag

Bei der Arbeit merkte ich von Tag zu Tag mehr, dass die Kollegen und Patienten mir vertrauten, und das gab mir Kraft. Meine große Stärke war es, in Krisensituationen einen kühlen Kopf zu bewahren – eine Eigenschaft, die auf der Kardiologie, wo es manchmal um Sekunden geht, von Vorteil ist. Wenn der Alarm im Schwesternzimmer losging, weil die Vitalwerte eines Patienten verrücktspielten, musste es schnell gehen. Und während die anderen oft einen Moment lang wie gelähmt dastanden, war es bei mir, als würde mein Körper in einen Modus schalten, in dem ich ganz automatisch auf das mit den Jahren angehäufte Wissen zugreifen konnte. Meine Beine trugen mich in das Zimmer des betroffenen Patienten, ich checkte die Vitalfunktionen, und während mein Kollege oder meine Kollegin den Patienten in Position brachte, zog ich das Herzbrett aus dem Krankenhausbett, legte es dem Patienten unter, bevor ich ihm auf die Brust sprang und mit der Herzdruckmassage begann. Bis zu 120 Mal pro Minute drückt man bei einer solchen Maßnahme den Brustkorb des Patienten ein, manchmal brechen dabei die Rippen, weil sie dem Druck nicht standhalten, das ist ein seltsames Geräusch, aber das gehörte für mich dazu. Manchmal wechselten wir uns ab, bis das Reha-Team eintraf – einen Menschen zu reanimieren, ist eine schweißtreibende Angelegenheit. Manchmal waren wir erfolgreich, und der Patient kam wieder zu sich, manchmal kam jede Hilfe zu spät. Ich erinnere mich an eine Frau, die ich vor den Augen ihrer Familie reanimierte. Wir konnten sie so weit stabilisieren, dass sie transportfähig war, doch im Fahrstuhl fing ihr Herz erneut an zu flimmern, und als sie auf der Intensivstation eintraf, war es schon zu spät – manchmal liegt zwischen Überleben und Sterben nur ein Stockwerk, und manchmal ist selbst das zu viel. Der Krankenhausalltag ist mit unendlich vielen solchen Grenzsituationen gespickt.

In meiner Zeit als Krankenschwester war ich oft mit dem Tod konfrontiert. Wie jeder Mensch ein eigenes Leben lebt, stirbt jeder einen eigenen Tod. Manchmal dauert es lange und ist ein schmerzhafter, leidvoller Prozess; manchmal geht es ganz schnell, und der Tod bricht plötzlich über den Sterbenden herein; manchmal ist es ein Kampf, den der Patient ausfechten muss; manchmal wirkt der Tod sanft, dann entschlafen die Menschen friedlich in ihren Betten. Manchmal konnten wir etwas tun, manchmal kamen wir zu spät, und manchmal war es das Wichtigste, die Hand eines Sterbenden zu halten, der nicht alleine gehen wollte.

Es gab Tage, da liebte ich diesen Beruf, wenn alles seinen geordneten Gang ging, ich genug Zeit hatte, die Patienten zu versorgen, die Kollegen guter Dinge waren, auch mal eine Pause drin war und ein Plausch mit einem Patienten, der mehr als nur körperliche Pflege brauchte, wenn die Ärzte pfeifend durch den Flur liefen, weil es ein ruhiger Tag war und ein Ende der Arbeit ausnahmsweise mal in Sicht.

Ich bin davon überzeugt, dass jede Arbeit gut zu schaffen ist, wenn man nur die Zeit dafür hat, die eben nötig ist – aber Zeit, davon ist leider gerade in Krankenhäusern, die vor allem lukrativ sein sollen, nicht viel vorhanden. Da kalkulieren Männer und Frauen an Schreibtischen, die vielleicht nie auch nur einen Fuß in das Zimmer eines Kranken gesetzt haben, wie viele Minuten eine Schwester für jeden Patienten aufwenden darf. Aber was, wenn der Mensch, der da vor dir im Bett liegt, mehr braucht, als für ihn veranschlagt wurde? Wenn er ins Bett gemacht hat, wenn er Schmerzen hat, von denen bisher niemand etwas wusste, wenn er keine Angehörigen hat und sich nichts mehr wünscht als jemanden, der sich länger als zwei Minuten zu ihm setzt und sich seine Sorgen anhört? Was, wenn der Mensch vor dir im Bett dement ist und sich außerhalb seiner gewohnten Umgebung nicht mehr zurechtfindet, dich als Bedrohung wahrnimmt? Was dann? Dann ignoriere ich das alles und beeile mich, um ihm in unter zwei Minuten die Kompressionsstrümpfe anzuziehen? Die Zeit, die man für einen Menschen braucht, der krank oder pflegebedürftig ist, lässt sich nicht mit einer Formel berechnen. Die Zeit, die eine Krankenschwester braucht, um kurz durchzuatmen und Kraft zu schöpfen, wenn einer ihrer Patienten verstorben ist, die Angehörigen weinend auf dem Flur stehen, der behandelnde Arzt nicht auffindbar ist und die anderen Patienten zu Recht wütend sind, weil man sich nicht um sie kümmert – die ist nicht eingeplant. Sollte sie aber!

Kranke Menschen zu pflegen, ist eine ehrenwerte Aufgabe, die Einfühlungsvermögen, Hingabe, Aufmerksamkeit und innere Stärke erfordert – Eigenschaften, von denen wohl jeder weiß, dass sie unter Zeitdruck leiden. Ich erinnere mich an grauenvolle Tage als Krankenschwester. Tage, an denen statt den fünf vorgesehenen Pflegern und Krankenschwestern nur drei auf Station waren und um 7:30 Uhr drei Patienten fein säuberlich aufgereiht vor dem OP in ihren Betten liegen sollten. Aber wie soll das gehen, wenn deine Kollegen verzweifelt versuchen, die Routinen aufrechtzuerhalten und dafür zu sorgen, dass die Patienten wenigstens satt, sauber und schmerzfrei sind, ich aber nur ein Paar Hände habe, um die Patienten zu transportieren? An solchen Tagen begann der Arbeitstag mit wütenden Anrufen aus dem OP, mit Ärzten, die mich ohne Rücksicht auf Verluste auf dem Flur zusammenfalteten, weil der viel zu enggestrickte OP-Plan nicht mehr eingehalten werden konnte. Er ging weiter mit weinenden Patienten, deren Rufe ignoriert worden waren, weil ich mich nicht vierteilen konnte. Und er endete mit wütenden Angehörigen, die mich anbrüllten, weil sie nicht verstanden, wie es dazu hatte kommen können, dass der bettlägerige Vater über eine halbe Stunde klingelte, aber niemand kam, um ihn zur Toilette zu bringen – was, wenn etwas Schlimmes passiert wäre? –, oder wie es sein konnte, dass niemandem aufgefallen war, dass die blutdrucksenkenden Tabletten vom Morgen noch immer unberührt auf dem Nachtschrank der dementen Mutter lagen. Das waren die schlimmsten Tage, die Tage, an denen ich niemandem gerecht werden konnte, am wenigsten meinen eigenen Ansprüchen. Und das waren auch die Tage, an denen ich in Frage stellte, ob es immer gut und richtig ist, die Zähne zusammenzubeißen, oder ob irgendwann der Zeitpunkt gekommen ist, an dem man Konsequenzen aus den Gegebenheiten ziehen sollte. Wann ist genug genug? Wann ist die eigene Grenze erreicht?

Das Fest der Liebe

An den Weihnachtstagen, wenn die meisten meiner Kollegen mit ihren Familien das Weihnachtsfest feiern wollten, meldete ich mich meist freiwillig zum Dienst, da diese Tage für mich als Muslimin nicht dieselbe Bedeutung hatten wie für sie. An Weihnachten kehrte meist Ruhe auf den Stationen ein, eine Stille, wie sie sonst nur selten im Krankenhaus herrscht, deshalb liebte ich diese Tage vor dem Jahreswechsel. Viel häufiger als sonst kamen zu dieser Zeit schöne Kontakte zustande. An einem Weihnachtsabend leistete ich einem sterbenden Mann Gesellschaft, der keine Familie hatte. Ich hielt so lange seine Hand, bis er einschlief, niemand klingelte – ein kleines Weihnachtswunder.

Aber es gab auch eine Station, die an jenen Tagen im Jahr so belastet war wie sonst nie – die Psychiatrie. Die Weihnachtstage sind derart mit Bedeutung aufgeladen, dass sich bei vielen Menschen, die unter psychischen Problemen leiden, die Beschwerden verschlimmern. An jenem Abend wurde eine Frau eingeliefert, der es so schlecht ging, dass sie nicht mehr leben wollte und sich die Pulsadern aufgeschlitzt hatte. Zu diesem Zeitpunkt war die geschlossene Psychiatrie längst überbelegt. Ein junger Arzt stellte ein Gutachten aus, dass die Frau zurechnungsfähig sei. Aufgrund von Platzmangel wurde sie auf unsere Station verlegt. Das alles passierte im Spätdienst, kurz vor der Übergabe an den Nachtdienst. Sie kam dann zu uns auf die Station, in Begleitung einer Betreuerin, die ein Auge auf die Patientin haben sollte. Meist übernehmen Medizinstudenten diese Aufgabe, um sich neben dem Studium etwas dazuzuverdienen, so auch an diesem Abend. Ich wies den beiden ein Zimmer am Ende des Flurs zu, ließ zur Sicherheit die Tür offen stehen und ging zurück ins Schwesternzimmer, wo eine kleine, inoffizielle Weihnachtsfeier stattfand. Eine Kollegin von einer Nachbarstation hatte Plätzchen mitgebracht, es gab Tee und Kaffee. Wir saßen in kleiner Runde beisammen und erzählten uns Anekdoten aus dem Stationsalltag, lachten über die zuweilen absurden Geschichten, die wir mit den Patienten erlebten. Nie werde ich vergessen, was dann geschah. Ein Schrei gellte durch den Flur, schrill und durchdringend. Als wir das Zimmer am Ende des Gangs erreichten, war das Fenster offen, und die Studentin stand leichenblass und wie erstarrt daneben. Ich ging zu ihr, sprach sie an, aber sie antwortete nicht. Ich sah aus dem Fenster, und da unten, sechs Stockwerke tiefer, lag die junge Frau, die laut Bericht keine Gefahr für sich darstellte, auf dem Asphalt. Ich nahm wahr, wie meine Kollegin einen Arzt rief, sah, wie die Sanitäter zu der Frau liefen und versuchten, sie zu reanimieren, aber ihr Brustkorb war bei dem Aufprall zerschmettert worden. Oben im Krankenzimmer versuchte meine Kollegin, die Studentin zu beruhigen, die sich aus ihrer Erstarrung gelöst hatte und nun hyperventilierte. Sie hatte sich nur kurz umgedreht, um etwas aus ihrem Rucksack zu nehmen, als die junge Frau aufgesprungen und zum Fenster gestürzt war, es aufgerissen hatte und hinausgesprungen war. Sie hatte noch versucht, sie am Nachthemd zurückzuziehen, aber einen Menschen, der sechzig Kilo wiegt und ein Ziel vor Augen hat, den kann man nicht einfach so halten. Das Mädchen hat sich dann selbst in die Psychiatrie eingewiesen. Es war das Geräusch, das sie nicht mehr losließ – das Geräusch eines Körpers, der hart auf dem Boden aufschlägt. Wir Menschen sind so zerbrechlich.

Erst als ich viele Stunden später von der Arbeit nach Hause in die Wohnung kam, die mein Vater vor einigen Jahren für uns Mädchen angemietet hatte, die ich jedoch mittlerweile alleine bewohnte, merkte ich, wie sehr auch mich die Tat der Frau mitgenommen hatte. Ich war zu nichts mehr in der Lage, kroch nur noch in mein Bett, um zu schlafen und zu vergessen. Doch sobald ich die Augen schloss, sah ich sie verdreht auf dem Asphalt liegen. Ich konnte in dieser Nacht nicht alleine sein. Erschöpft und aufgewühlt raffte ich meine Decken zusammen, ging runter in die Wohnung meiner Eltern und schlief bei ihnen – drei Tage lang blieb ich dort, bis ich mich wieder traute, hinauf in meine Wohnung zu gehen.

Heute werde ich von jungen Zuschauerinnen oft gefragt, welche Erfahrungen ich als Krankenschwester gemacht habe. Sie wollen Rat, ob sie diesen Weg einschlagen sollen oder nicht. Darauf kann ich nur antworten, dass mir dieser Beruf an den schönsten Tagen so viel gegeben hat – das konnten strahlende Patienten sein, Angehörige, die Blumen für das Team mitbrachten, Ärzte, die ein Lob auf den Lippen hatten, Kollegen, die auch unter Druck Hand in Hand arbeiteten und ein Lächeln füreinander übrig hatten. Doch an den schlechten Tagen verlangte mir dieser Beruf alles ab. Ich empfinde größten Respekt vor all jenen, die sich Tag für Tag für kleines Geld für ihre Patienten einsetzen und dabei oft über ihre eigenen Kräfte hinausgehen. Während meiner Zeit als Krankenschwester bin ich gewachsen. Ich habe einiges gelernt, darüber, wie glücklich wir uns schätzen können, wenn wir gesund sind. Ich habe erfahren, wonach die Menschen sich sehnen, und dass das, was sie wirklich brauchen, um gesund zu werden, nicht nur die richtigen Medikamente und Eingriffe sind, sondern auch andere Menschen, die sich Zeit nehmen, aufmerksam zuhören und achtsam Hilfe leisten. Und ich habe eine Menge über den Tod gelernt. Dass er vieles ist, aber niemals würdevoll. Es hat nichts Würdevolles, wenn der Körper versagt, die Organe nicht mehr wollen. Wir können nicht wissen, wann wir sterben, und wir haben keinen Einfluss darauf, wie wir sterben. Das Einzige, was wir wirklich haben und wirklich gestalten können, sind ein paar Tage auf dieser Erde.

Als ich das nach einigen Jahren als Krankenschwester begriff, fing ich an, über mein Leben nachzudenken, das in geregelten Bahnen verlief und wie eine Autobahn schnurgerade vor mir lag, letzte Ausfahrt: Tod. Von meinem Schwesterngehalt legte ich zwar jeden Monat einen Teil für Reisen, Gesangsunterricht und Konzertkarten beiseite, viel zum Leben blieb dann aber trotz des mietfreien Wohnens bei meinen Eltern dennoch nicht übrig. Aufstiegschancen gab es in der Pflege kaum. Ich hatte die Möglichkeit, Fortbildungen zu besuchen und mich weiterzubilden, Expertin für einen bestimmten Bereich zu werden oder mich zur Pflegedienstleitung ausbilden zu lassen, aber wenn ich mir vorstellte, dafür verantwortlich zu sein, die Arbeitszeiten meiner Kollegen zu planen, die alle auf dem Zahnfleisch gingen, dann zog sich in mir alles zusammen. Ich schätzte den Kontakt zu Menschen, und genau dieser Bereich würde in der Pflegedienstleitung

fast ganz wegfallen. Ich wusste, dass ich etwas anderes wollte und dass ich aktiv werden müsste, wenn sich etwas ändern
sollte, aber ich wusste noch nicht recht, wie ich es anstellen
sollte. Dann lernte ich Sebastian kennen.

Online-Dating

Ich bin zu einer Zeit aufgewachsen, als das Internet gerade erst in den Anfängen steckte. Meine erste E-Mail-Adresse richtete ich mir auf dem Computer ein, den mein Bruder irgendwann angeschafft hatte und den wir zu Hause alle gemeinsam nutzten – ein Prozess, der mich etwa zwei Stunden Lebenszeit kostete, weil die Seite von Yahoo sich derart quälend langsam aufbaute, dass ich mir nebenbei ein Full-Face-Make-up hätte auflegen können, ehe sie aus unerfindlichen Gründen wieder zusammenbrach. Das Einwählen ins Internet lief über ein Kabel, das man in die Telefonbuchse einstöpselte, woraufhin ein Geräusch ertönte, das Neunziger-Jahre-Kindern so sehr in Fleisch und Blut übergegangen ist, dass sie es euch quasi vorsingen können – ein hoher, durchdringender Ton, gefolgt von einem außerirdisch anmutenden Surren und einer direkt aus der Hölle kommenden Kakophonie. Aber trotzdem: Ich bekomme ganz warme Gefühle, wenn ich daran denke – für mich klingt das nach Jugend, nach ICQ – Uh-Oh – und Nokia 3310, nach dem Startup-Sound von Windows 98 und nach Crazy Frog. Mitte der Zweitausender schlug dann auch in Deutschland die Stunde der sozialen Netzwerke. Statt auf Facebook, das in den USA seit 2004 erfolgreich war, tummelten sich die deutschen User damals auf einer Plattform mit dem wohlklingenden Namen StudiVZ, die ebenso wie Facebook ursprünglich nur für Studenten gedacht war, woran sich nur keiner hielt. An meinen freien Nachmittagen gruschelte ich mich durch das Netzwerk – das war in etwa das, was bei Facebook das Anstupsen ist –, trieb mich in Gruppen mit Titeln wie *Deine Mutter ist so fett, die hat Blutgruppe Nutella* oder *Brichst du mir das Herz, dann brech ich dir die Beine* rum oder chattete mit Leuten aus der Schule, den Mädels aus der Ausbildung oder mit Hülya, die auch einen Account hatte.

Und dann gab es da noch eine Funktion namens *Kennst du schon …* In dieser Spalte tauchten Fotos von Leuten auf, die StudiVZ dir vorschlug, um dich mit ihnen zu vernetzen. Dort stolperte ich eines Nachmittags über ein Foto, das einen jungen, attraktiven Mann in Taksim in Istanbul zeigte. Mein Interesse war geweckt. Ich klickte mich durch seine Bilder – Aufnahmen von Istanbul – und war begeistert. Der Fotograf hatte offensichtlich ein Auge für die Menschen, die sich auf den Straßen dieser Metropole drängten, die mir so vertraut war. Eines der Bilder ließ mich innehalten. Es war die Fotografie eines alten Mannes, der auf den Stufen der Yeni-Camii-Moschee saß. Innerhalb eines Wimpernschlags war alles wieder da: Die Gerüche und Geräusche auf dem großen Basar von Istanbul, wie ich als Kind an der Hand meiner Tante durch die Menschenmenge gezogen wurde, um mich herum Beine in Anzughosen aus Synthetik, das Wallen der langen Gewänder der Frauen und dann die Stufen der Moschee und genau dieser Mann, dem ich unbedingt ein paar Lira geben wollte. Er nahm mein Geld nicht an, er war kein Bettler. Jahr für Jahr sah ich ihn dort sitzen, bis er irgendwann verschwand. Zum ersten Mal in meinem Leben überkam mich beim Gedanken an Istanbul eine starke Wehmut. Ich hatte diesen Ort lange für selbstverständlich gehalten, für Normalität. Als ich ein Kind war, fuhren wir jeden Sommer dorthin, um unsere Verwandten zu besuchen. Doch jetzt bemerkte ich, dass Istanbul sich über die Jahre einen Platz in meinem Herzen erschlichen hatte. Ganz unter diesem Eindruck schrieb ich dem Jungen und fragte ihn, ob er mir das Bild des Mannes schicken würde, da es eine persönliche Bedeutung für mich habe, was er ohne zu zögern tat. So entstand der Kontakt. Während ich dies tippe, liegt ein aufgeschlagenes Album neben mir, und auf der ersten Seite klebt das Foto dieses alten Mannes, daneben ein kleiner Text, den Sebastian für mich hineingeschrieben hat: *Dies alles mit dir zu teilen, bedeutet mir so viel. In tiefer Liebe zu dir, dein Sebastian.* Auf den folgenden Seiten finden sich die Nachrichten, die wir uns bei StudiVZ geschrieben haben und zuletzt ein Foto von uns beiden. Dein Leben ist kein Zufall!

Eine geheimnisvolle Box

Etwa ein Jahr nachdem Sebastian und ich das erste Mal Kontakt hatten, trudelte ein großes Paket in unserer Wohnung ein. In den letzten zwölf Monaten hatten wir uns erst ellenlange Nachrichten geschrieben, hatten gechattet, angefangen zu flirten und schließlich Nummern ausgetauscht. Drei Monate lang telefonierten wir nahezu jeden Tag miteinander, und nach nicht allzu langer Zeit hatte ich das Gefühl, dass ich niemanden so gut kannte wie diesen Jungen aus einer kleinen Stadt im äußersten Westen Deutschlands, von der ich zuvor noch nie etwas gehört hatte. Nach anfänglicher Zurückhaltung – Internet-Dating war damals noch so ungewöhnlich, wie es heute ungewöhnlich ist, jemanden über eine Kontaktanzeige in der Zeitung kennenzulernen – hatte ich schnell alle Bedenken über Bord geworfen. Der Mann am anderen Ende der Leitung interessierte mich brennend, das war etwas ganz anderes als die unreflektierte Teenager-Liebe zu Samir, die im Vergleich dazu nur ein Spiel gewesen war. Das hier war ernst, und das Einmalige und Unfassbare daran war, dass sich dieser Mann offenbar ebenso für mich interessierte wie ich mich für ihn. Wir konnten uns stundenlang unterhalten, ohne dass es langweilig wurde. Wir sprachen über Gott und die Welt – über Politik, über unsere Reisen, meine Liebe zu Katzen, sein Faible für Autos, über unsere Wünsche und Hoffnungen … es war alles so einfach. Und als das Päckchen ankam, hatte sich längst eine intensive Verbindung zwischen uns entwickelt.

Meiner Mutter hatte ich früh von Sebastian erzählt. Nach den Erfahrungen mit Samir hatte ich keine Lust mehr auf Heimlichkeiten und Versteckspiele, trotzdem war das Gespräch natürlich aufregend gewesen, denn ich gab ihr gegenüber etwas sehr Persönliches preis. Im Nachhinein glaube ich, dass das Gespräch für meine Mutter ebenso besonders war wie für mich, denn sie hörte mir aufmerksam zu, stellte mir vorsichtig ein paar Fragen – ob sie meinem Vater davon erzählen dürfe, ob ich ein Foto von ihm hätte – und zum Schluss schmunzelte sie – wahrscheinlich weil sie meine gespielte Coolness durchschaute und sah, dass ich bis über beide Ohren in Sebastian verliebt war, obwohl ich ihm noch nie von Angesicht zu Angesicht gegenübergestanden hatte. Mein Vater reagierte ganz lässig auf die Offenbarung. «Ein gut aussehender junger Mann», sagte er, als er mir das Foto zurückgab, und meine Mutter kam angelaufen und lobte Sebastian in den höchsten Tönen: So ein reines Gesicht! Dass Sebastian deutsch war, war für sie nach den Erfahrungen mit Ceylan und ihrem Mann gänzlich unerheblich. So schnell können sich Dinge verändern, die in Stein gemeißelt scheinen.

Ich nahm meiner Mutter, die also längst Bescheid wusste, dass sich zwischen uns etwas anbahnte, das Päckchen ab, und sie flatterte wie ein aufgescheuchter Spatz um mich herum. Betont langsam öffnete ich die Schleife der glänzenden Box und hob den Deckel an. Eingewickelt in feines Seidenpapier lag darin ein wunderschönes Cocktailkleid in Anthrazit. Um das Oberteil rankten sich schimmernde Stickereien, und als ich das Kleid aus der Box hob, entfaltete sich ein seidener

Rock, der leicht hin und her schwang. Meine Mutter schlug die Hände vors Gesicht – ich muss lachen, wenn ich daran denke. In der Box fand ich eine Karte. In Sebastians feiner, ausladender Handschrift stand dort: *Möchtest du mit mir ausgehen?* Und wie ich wollte!

Das erste Date

Es klingelte, und dann stand er vor mir – kariertes Jackett, Jeans und T-Shirt. Ich erwischte mich bei dem Gedanken, dass ich mir meinen Mann so nicht vorgestellt hatte – geschniegelt, ein bisschen steif, zurückhaltend, aus Bielefeld. Aber jetzt stand genau dieser Mann vor mir.

Einander nach so vielen Monaten das erste Mal zu treffen, das war so strange. Sebastian war nervös, so kannte ich ihn gar nicht. Wir wussten nicht recht, wie wir uns begrüßen sollten, bis wir uns links und rechts ein Küsschen auf die Wange drückten. Im Laufe des Tages erwies er sich als Kavalier der alten Schule: Im Restaurant half er mir beim Platznehmen, faltete sein Jackett zusammen und hängte es ordentlich über den Stuhl, saß kerzengerade vor mir – das alles war mir so fremd, war so außergewöhnlich und ernst, dass ich irgendwann nicht mehr konnte und noch während des Essens von einem Lachkrampf geschüttelt wurde – was zum Glück dazu führte, dass Sebastian, der immer danach strebt, dass alles perfekt ist, sich etwas entspannte. Danach musste ich mir erst mal die Cola, die mir beim Lachen aus der Nase gelaufen war, mit einer Serviette vom Gesicht wischen. Wenn ich so darüber nachdenke, war schon das eine für unsere Beziehung so typische Szene, dass ich auch jetzt darüber lachen muss.

Später gingen wir in eine Bar. Ich trug das Kleid, das er

mir geschenkt hatte, und wir knüpften einfach da an, wo wir aufgehört hatten. Als ich an diesem Abend zu Hause in mein Bett fiel, war ich beseelt. Da war dieser perfekte Gentleman, der alles bis aufs letzte Detail geplant hatte, und ihm gegenüber saß die lässige Berlinerin, die sich einfach mal in die Sache reinwarf. Dass wir beide – zwei Menschen aus so verschiedenen Welten – uns gefunden haben, darüber kann ich heute noch nur den Kopf schütteln: er, der Junge aus der westdeutschen Vorstadt, aufgewachsen im pittoresken Eigenheim; ich, das Mädchen aus dem Berliner Moloch, aufgewachsen in einer kleinen Arbeiterwohnung in Neukölln. Während er als Junge mit dem BMX durch die heimischen Wälder cruiste, machte ich noch mit Schäufelchen und Harke unseren Hinterhof-Dschungel unsicher. Während ich meine Hand beim alljährlichen Zuckerfest aufhielt, weigerte er sich zum ersten Mal, in Omas Garten nach Ostereiern zu suchen. Während er in der Firma seines Vaters Schritt für Schritt mehr Verantwortung übernahm, nahm ich meine Ausbildung als Krankenschwester auf. Und während es ihn in den Osten nach Istanbul zog, zog es mich nach New York. Zuletzt trafen wir uns in der Mitte – in Berlin, im pochenden Herzen von Europa, wo wir uns keine zwei Jahre später das Jawort gaben.

Traumhochzeit

Welche Braut kennt das nicht? Der ganze Vormittag war eine einzige Hetzerei: die ersten Gäste begrüßen, die Fragen der Verwandten am Telefon beantworten, dann ab zur Kosmetikerin, kurz durchatmen, weiter zum Friseur, die Haare aufstecken lassen, die Streitereien der Geschwister ignorieren – «So sieht es viel besser aus.» «Ach, Blödsinn, der Schleier muss viel höher sitzen!» –, tief durchatmen, weitermachen. Als Sebastian mittags bei uns zu Hause in der Sonnenallee in der Tür stand, sah er ebenso durch den Wind aus, wie ich mich fühlte. Wir heirateten am Christopher Street Day, und die Straßen in Berlin waren gesperrt, überall lief buntes Volk herum und feierte. Viel Zeit zum Nachdenken blieb dem schnieken Herrn in Anzug und mit Fliege nicht, denn es müssen sich ihm gefühlt fünfzig Paar Hände entgegengestreckt haben, die ihn in den engen Flur der Wohnung meiner Eltern hineinzogen. Jetzt ging das Programm erst richtig los. Auf türkischen Hochzeiten gibt es einen Brauch: Der Zukünftige muss die Braut freikaufen. Also saß ich in einem schulterfreien Traum aus Tüll und Spitze wie die Prinzessin auf der Erbse in meinem Zimmer, während meine Verwandten an der Tür standen und darauf warteten, dass Sebastian die ersten Scheine zückte. Traditionell ist es der Bruder, der die Verhandlungen führt, und so stellte ich mich auf lange, zähe Verhandlungen ein und wurde überrascht. Als Sebastian den ersten Schein ins Zimmer warf, brach Gelächter aus: Fünf Euro! Dann ging es weiter. Er warf fünfzig Euro. Die Verwandten johlten und wollten schon nach mehr verlangen, aber mein Bruder grinste nur, zog mich vom Bett hoch und schubste mich mit den Worten: «Nimm sie bloß mit, dann sind wir den Teufelsbraten endlich los», in Sebastians Arme. Das Gelächter war natürlich groß und ging schließlich unter in dem lauten Trommeln und dem Spiel der Oboe, das uns nach draußen begleitete, wo noch eine Überraschung auf mich wartete: Sebastian hatte einen silbergrauen Bentley-Oldtimer gemietet, der wunderschön mit weißen Rosen und Bändern geschmückt war. Nicht nur ich, auch mein Vater schwebte auf Wolke sieben. Schnipsend schwang er mit meinem Schwiegervater das Tanzbein zu Davul Zurna und Halay – einem traditionellen Volkstanz. Wenn ich Aufnahmen von dieser Szene sehe, treten mir jedes Mal Tränen in die Augen, weil das der Moment ist, an dem die Braut das Elternhaus für immer verlässt. Damals war mir noch nicht bewusst, was dieser Schritt bedeutete, wie schwer er wog, aber heute weiß ich es besser.

Als Sebastian und ich schließlich im Wagen saßen und durch die Hauptstadt fuhren, die an diesem besonderen Tag in allen Farben des Regenbogens leuchtete, kehrte für einen Moment Ruhe ein. Drei Jahre waren vergangen, seit ich ihm das erste Mal geschrieben hatte, drei Jahre, in denen aus Freundschaft Verliebtheit und aus Verliebtheit Liebe geworden war. Es waren turbulente Jahre gewesen, die auf keiner Ebene vergleichbar waren mit der Beziehung, die ich mit Samir geführt hatte. Alles war so viel intensiver, so viel ernster. Mit Sebastian ging es um alles, und dieses alles musste neu ausgehandelt werden. Es gab keine Regeln, die ich anwenden konnte, und das war einerseits aufregend und neu, andererseits beängstigend. Wie würden wir zusammenfinden? Ich lebte noch bei meinen Eltern, arbeitete als Krankenschwester im Schichtdienst an der Charité, Sebastian wohnte in einer eigenen Wohnung in Bielefeld und war im Familienunternehmen eingebunden – manchmal sahen wir einander nur alle zwei Wochen. Wir führten eine Fernbeziehung unter erschwerten Bedingungen. Natürlich fanden wir im Laufe der Zeit Mittel und Wege, um in Ruhe Zeit miteinander zu verbringen, auch wenn mir die Zuneigung, die Sebastian mir entgegenbrachte, anfangs schnell viel zu viel wurde. In meinem Leben war Körperlichkeit, sich seine Liebe über Gesten und Berührungen zu zeigen, lange kein Thema gewesen. Als Sebastian und ich uns kennenlernten, hatte ich deshalb das Gefühl, von seiner Liebe erdrückt und überrannt zu werden, reagierte oft kühl und abweisend, was für Sebastian wiederum schwer einzuordnen war. Ich war fast Mitte zwanzig, und liebevoll in den Arm genommen zu werden, empfand ich als ungewohnt, wenn nicht gar unangenehm. Dass wir diese Hürde meisterten, lag vor allem daran, dass wir beide nicht auf den Mund gefallen waren. Ich hatte durch die Erfahrungen in meiner Familie und mit Samir gelernt, dass sich ohne Kommunikation die Fronten nur verhärteten. Hinzu kam, dass Sebastians Interesse an mir und allem, was in meinem Kopf vorging, ungebrochen war. Ich machte den Mund auf, und sobald ich das tat, öffneten sich Türen, die zuvor verschlossen gewesen waren, und mein Leben wurde lichter und leichter. Ich sage nicht, dass es einfach war, meine Vorbehalte mitzuteilen, aber es lohnte sich! Es lohnte sich, nach Worten zu suchen und zu widersprechen, meine Gefühle zu benennen, zu sagen, dass ich mich eingeengt fühlte, und mir so Freiraum und Luft zu verschaffen – eine Erkenntnis, die ich heute in allen Lebensbereichen exzessiv auslebe. Wer einmal erfahren hat, wie befriedigend es ist, für sich selbst und die eigenen Bedürfnisse einzustehen, wer erlebt hat, dass ein Nein und der Respekt vor dem Nein sehr viel mehr Nähe schaffen können als jedes Klappehalten und Den-Kopf-Einziehen, der wird nie wieder einfach zu allem ja und amen sagen. Und ganz ehrlich: Mal abgesehen davon, dass ich meinen Mann unfassbar attraktiv finde, macht mich heute nichts mehr an als ein gutes Gespräch, eine hitzige Diskussion oder ein Moment, in dem wir uns blind verstehen. Wenn ich spüre, dass wir uns über die Jahre eine Verbindung erarbeitet haben, die manchmal nur noch eines Blickes bedarf – das ist für mich pure Sexyness.

Während dieser Fahrt im Bentley wurde mir bewusst, dass ich mir nichts mehr wünschte, als dass es dem Mann neben mir gut ging, und er mir das Gefühl gab, dass er sich nichts weniger für mich wünschte. Die Jahre, die hinter uns lagen, waren aufregend und ereignisreich gewesen. Sebastian hatte mich ermutigt, an einer Abendschule mein Fachabitur nachzuholen, und er hatte mich darin bestärkt, den Versuch abzubrechen, als mir der Schichtdienst und die Verpflichtungen in der Abendschule über den Kopf wuchsen. Er hatte mich ermuntert, weiterhin Gesangsunterricht zu nehmen und mich bei einigen Talentshows anzumelden. Dass er meine Träume nicht kleinredete, sondern mich dabei unterstützte, meinen eigenen Weg zu gehen, mich auffing, wenn etwas nicht klappte, wie ich es mir vorgestellt hatte, war eine ganz neue Erfahrung – bei ihm konnte ich auch mal etwas abgeben.

Wo ich den Fokus verlor, sprang er mit seiner Weitsicht und Umsichtigkeit ein. Im Gegenzug versuchte ich, auf ihn einzuwirken, wenn es um die Arbeit ging. Im letzten Jahr hatte ich dabei zugesehen, wie er sich immer mehr Verantwortung auf die Schultern lud, immer längere Schichten in der Firma schob und kaum noch dazu kam, abzuschalten. Wenn wir telefonierten, drehten sich unsere Gespräche um die Arbeit und seine Unzufriedenheit. Er arbeitete so viel, dass kaum noch Zeit blieb, in der er sich mit eigenen Wünschen und Problemen auseinandersetzen konnte. Immer wieder sprach ich ihn darauf an, versuchte, ihn dazu zu bewegen, die Arbeit auch mal ruhen zu lassen, sich abzulenken, zu entspannen, sich vielleicht sogar neu zu orientieren. Was war aus der Fotografie geworden? Was aus der Freude am Reisen? Was aus dem Mann, der so zahlreiche Interessen hatte und der aufmerksam die politischen Verschiebungen im Land beobachtete? Aber sein Drang, alles zu planen und zu durchdenken und dabei nichts abgeben zu können, schluckte alles andere. Er war wie eine Maschine, die heiß lief und nicht mehr zu stoppen war. Das ging so weit, dass er an unseren Wochenenden Arbeit mitnahm oder unsere gemeinsame Zeit sogar ganz cancelte. Sein Talent, alles im Blick zu haben, und seine Genauigkeit in allen Dingen verkehrten sich ins Gegenteil und wurden zum Problem für ihn und für unsere Beziehung, und alles Reden half nichts. Irgendwann traf ich eine Entscheidung und zog die Reißleine. Ich gab ihm den Verlobungsring zurück, den er mir so früh in unserer Beziehung angesteckt hatte. Ich konnte einfach nicht mehr. Ich sah, wie wir beide auseinanderdrifteten, weil wir überlastet und unzufrieden waren. Es war eine Entscheidung, die ich gegen mein Herz und doch für mich und auch für ihn traf. Es war eine der schwersten Entscheidungen in meinem Leben. Wir saßen nebeneinander in seinem Wagen, der unten auf der Sonnenallee parkte, und weinten. Weinten, weil wir es nicht schafften, füreinander da zu sein, weil wir keinen Ausweg fanden, weil wir nicht aus unserer Haut konnten. Als ich ausstieg und er fuhr, dachte ich, es wäre für immer vorbei, aber das war es nicht. Für uns beide war es wie ein Weckruf, genau das, was wir in dem Moment gebraucht hatten. Uns wurde klar, dass wir so nicht weitermachen wollten. Ich wollte nicht mehr die Zähne zusammenbeißen, wusste, um neu anzufangen, brauchte ich Ruhe und Abstand – die ich im kräftezehrenden Schichtdienst nicht finden würde. Sebastian wollte sich mehr Zeit nehmen, um herauszufinden, warum die Arbeit einen so großen Stellenwert in seinem Leben einnahm, und er wollte, dass wir unser Leben gemeinsam verbrachten, dass ich kündigte und zu ihm nach Bielefeld zog.

Dass er die Initiative ergriff und Verantwortung übernahm, machte mir Mut und entlastete mich – ich hatte das Gefühl, wieder atmen zu können. Ich glaube, was wir beide in jener Zeit begriffen, war, dass jeder für sich einen Weg finden musste, dass wir beide aktiv werden mussten. Wir konnten die Probleme des anderen nicht lösen, aber wir konnten einander auf dem Weg beistehen. Diese Erkenntnis hatte uns hierhergeführt. Wir hatten nur noch einmal tief Luft holen müssen, um den Sprung zu wagen.

Als der Bentley vor dem Hotel de Rome hielt, war der stille Moment vorbei. Als wir aus dem Auto stiegen, waren wir sofort von feiernden Menschen umgeben, die Blumen warfen und ausgelassen tanzten – wie gesagt, es war Christopher Street Day. Zwei Männer legten uns regenbogenfarbige Blumenketten um den Hals. Das war so ein schöner Moment. Wir wussten, sobald wir den Saal betreten würden, wäre die Zweisamkeit, die wir so sehr genossen hatten, für den Rest des Abends vorbei, aber das machte nichts, denn im Hotel warteten unsere Familien und Freunde auf uns. Als wir durch die Tür traten, standen sie Spalier und reckten langstielige Rosen empor, unter denen wir wie unter einem Dach in den Saal einzogen. Es war wundervoll, gemeinsam an den Menschen vorbeizugehen, die uns so viel bedeuten – da waren unsere Familien, Sebastians und meine Eltern, die ebenso strahlten wie wir, unsere Geschwister und ihre Familien, unsere Freunde, Sebastians Cousine und ihr Mann, die extra aus Paris angereist waren, die Tante aus Heidelberg und ein paar meiner Kollegen aus dem Krankenhaus. Wir hatten die Hochzeitsfeier bewusst klein gehalten, wollten dieses besondere Ereignis im Kreise unserer Liebsten begehen, statt Tante xy, den Briefträger und den netten Nachbarn von nebenan einzuladen, wie es bei türkischen Hochzeiten oft der Fall ist. Die standesamtliche Hochzeit im Rathaus Neukölln und die Zeremonie in der Moschee hatten wir sogar nur im engsten Familienkreis gefeiert. Die Fortuna auf der Spitze des Neuköllner Rathauses hat sich daran nicht gestört, meiner Mutter allerdings ging es gehörig gegen den Strich. Doch ich setzte mich durch. Ich sagte: «Anne, wenn dich jemand darauf anspricht, dann sag ihnen, dass ich es so wollte, dann bist du aus dem Schneider. Das ist meine Hochzeit, meine Entscheidung.» Es existieren Fotos von dem Abend, auf denen meine Mutter ausgelassen das Tanzbein schwingt – es hat ihr dann doch sehr gefallen.

Den historischen Ballsaal unter der gläsernen Kuppel im

Hotel de Rome betraten Sebastian und ich zu Pachelbels Kanon in D-Dur, ehe wir zu Yanima Gel, einem wunderschönen Lied von Halil Sezai, über den glitzernden Mosaikboden tanzten – noch so ein unvergesslicher Moment. Nach dem Essen übernahm dann die türkische Band und heizte uns ordentlich ein, und am späteren Abend legte ein DJ unsere Lieblingshits aus den Neunzigern auf. Es war ein rauschendes Fest. Um Mitternacht wurde ein kleiner Snack gereicht: Helal-Currywurst, ganz wie ich es von den Berliner Buden kannte. Danach wurde fleißig und weit bis nach Mitternacht zu James Brown, türkischen Songs und Michael Jackson weitergetanzt. Als Sebastian und ich früh am Morgen in unserer Suite ins Bett fielen, einander an den Händen fassten und die Augen schlossen, wusste ich, dass nur das zählte: Er und ich – das würde reichen, um jeden Tag anzunehmen, wie er käme.

Drei Umzugskartons

Eine so ausgefeilte und aufwendige Feier wie damals würde ich heute übrigens nicht noch einmal machen. Meine Hochzeit ist ein Tag, der mir auf ewig im Gedächtnis bleiben wird, aber heute bin ich zu der Überzeugung gelangt, dass es das ganze Tamtam – Ringe, Kleid, Torte, schickes Hotel – nicht braucht, dass ich es nicht brauche. Die Entscheidung füreinander, die haben wir nicht an einem festgelegten Tag getroffen, wir treffen sie immer wieder aufs Neue: Wenn wir beide viel zu tun und eigentlich keine Zeit haben und uns zwischen all dem Alltagsstress doch die Zeit nehmen, spontan miteinander auszugehen. Wenn die Fetzen geflogen sind und einer von uns Dickschädeln doch über seinen Schatten springt und sich entschuldigt. Wenn Sebastian zum tausendsten Mal mit den Knochen knackt, obwohl er ganz genau weiß, wie sehr ich es hasse, und ich tief durchatme und nicht ausflippe. Wenn er mit seiner Mutter den Weihnachtsbaum kaufen geht, weil es Tradition ist, und ich dabei nicht mitmachen muss – auch dann entscheiden wir uns füreinander. Wenn Sebastian spontan ist, wo er eigentlich erst einen Rundumsicherheits-check machen würde, und ich geduldig abwarte, wo ich mich eigentlich längst kopfüber ins Abenteuer gestürzt hätte. Wenn jeder auch mal seiner eigenen Wege geht und abends mit offenen Armen empfangen wird – immer dann entscheiden wir uns füreinander. Er und ich. Zwei Menschen. Zusammen. So einfach und so schwer ist das.

Am Tag nach der Hochzeit fuhren wir zur Wohnung meiner Eltern in die Sonnenallee. Meine Mutter war frühmorgens trödeln gegangen und noch nicht zurück, mein Vater war in der Werkstatt. Wir packten meine Sachen ein, die in drei Umzugskartons Platz fanden, verabschiedeten uns von meinen Eltern und fuhren nach Bielefeld. Es fühlte sich an, als würde ich aufbrechen in ein neues Leben. Vor mir breiteten sich unendliche Möglichkeiten aus. Ich würde nicht mehr zurückblicken, nur noch nach vorne.

Wachstumsschmerzen – von Berlin nach Bielefeld

Die Stadt, die es nicht gibt

Hand aufs Herz! Wer von euch weiß, wo Bielefeld liegt, und kann mindestens drei Dinge nennen, für die die Stadt bekannt ist? Niemand? Dachte ich's mir doch. Immer noch ist das Einzige, wofür die kleine Stadt im äußersten Nordosten Nordrhein-Westfalens wirklich bekannt ist, die satirisch gemeinte Verschwörungstheorie, es gäbe sie gar nicht. Wenn ihr einem Bielefelder wirklich auf die Nerven gehen wollt, stellt ihm erstaunt die Frage: «Du kommst aus Bielefeld? Aber das gibt's doch gar nicht!» Ich garantiere, ihr werdet euch keine Freunde machen.

Ich lebe nun seit über sieben Jahren mitten in der Altstadt und habe die Ruhe hier zu schätzen gelernt. Wenn ich an Samstagen im Bio-Markt ums Eck einkaufen gehe und die Angestellten mich mit Namen grüßen, statt mich wie in Berlin anzuraunzen, dann finde ich das nicht mehr seltsam, sondern fühle mich fast schon zu Hause, auch wenn es sich manchmal anfühlt, als wäre Bielefeld nur ein Zwischenstopp auf einer langen Reise. Ich genieße die Gelassenheit der Stadt, die übertriebene Sauberkeit der Sträßchen, die kurzen Wege, ja, selbst an die zurückhaltend-freundliche Art der Menschen, die hier leben, habe ich mich gewöhnt und auch an den Lagerkoller, der mich von Zeit zu Zeit erwischt, wenn ich länger als zwei Wochen am Stück in dieser bürgerlichen Idylle zugebracht habe. Aber damals, als ich mit meinen drei Umzugskartons im Gepäck in Sebastians Wohnung einzog, hegte ich noch ganz andere Gefühle für Bielefeld. Schnell gelangte ich zu der Überzeugung, dass, wenn es eine Stadt in Deutschland gab, die das genaue Gegenteil von Berlin war, es Bielefeld sein musste. Ich sag's mal so: Die kleine Stadt am Rande von NRW ist reich, wo Berlin arm ist, sie ist besenrein, wo Berlin dreckig ist, sie ist gesittet, wo Berlin rebellisch ist. Das Einzige, was sie mit Berlin gemein hat, ist wohl ihre Randlage. Wie Berlin am nordöstlichen Rand von Deutschland liegt, zwängt sich Bielefeld ins nordöstliche Eck von Nordrhein-Westfalen, eingerahmt von noch kleineren Städtchen mit so klingenden Namen wie Halle oder Herford.

Von Berlin nach Bielefeld? Das klingt wie der Titel eines verqueren Coming-of-Age-Streifens: «Die lebenshungrige Hatice Schmidt kehrt dem pulsierenden Leben in der Großstadt den Rücken, um in Bielefeld, einem verschnarchten Städtchen irgendwo zwischen Gütersloh und Bad Salzuflen, neu anzufangen. Im Schatten der Sparrenburg taucht sie ein in ein bürgerliches Leben, das keine überraschenden Wendungen für sie bereithält.» – Um ehrlich zu sein: Genau so war's. Anfangs.

Die perfekte Hausfrau

18 Uhr, es klingelt. Sebastian kommt nach Hause! Vorfreudig nehme ich die Schürze ab, stelle den Herd herunter, rücke auf dem Weg zur Tür den Suppenlöffel auf dem edel eingedeckten Tisch zurecht, werfe einen Blick in den Spiegel an der Garderobe, zupfe mir ein Haar von der Bluse, bevor ich die Tür öffne, um meinen hart arbeitenden Mann mit einem gehauchten Kuss auf die Wange zu begrüßen. Nachdem er – müde von der Arbeit, aber glücklich, wieder zu Hause bei seiner Frau zu sein – am Tisch Platz genommen hat, serviere ich ein Menü, so bürgerlich, dass es selbst meine gestrenge Schwiegergroßmama mit einem vornehmen Niederschlagen der Augenlider gewürdigt hätte. Es gibt ein Süppchen, gefolgt von Braten mit Beilage, einen leichten Salat und zum Nachtisch Eis. «Wie war dein Tag, Schatz?», frage ich und bin natürlich bestens informiert über die Vorgänge im Büro, schließlich stelle ich meinem Mann diese Frage in aller Regelmäßigkeit, um ihm zu zeigen, wie sehr ich an seinem Schaffen interessiert bin.

Stopp! Womöglich fragt ihr euch, wo wir auf dem Weg Richtung Selbstverwirklichung – ambitionierte Geschäftsfrau, Haus aus Glas, Weltenbummelei, fremde Kulturen, Haute Couture – die Abzweigung Richtung fünfziger Jahre genommen haben. Genau diese Frage trieb mich nach den

177

ersten Wochen in Bielefeld auch um. Natürlich stelle ich die Situation überspitzt dar, aber im Kern trifft es zu: Nach der Kündigung, der Hochzeit und dem Einzug bei Sebastian rutschte ich, ehe ich mich's versah, in die Rolle der perfekten Hausfrau und fand mich genau in den Zwängen wieder, vor denen ich weggelaufen war. Als ich es endlich bemerkte und das Hausfrauen-Dasein – das Putzen, das Bügeln vorm Fernseher, das einsame Tee-Trinken am späten Vormittag und das Planen ambitionierter Menüs – seinen Reiz verloren hatte, blieb nichts als Leere zurück. Morgens fiel es mir immer schwerer, aus dem Bett zu kommen. Sebastian verließ das Haus um 7 Uhr, den Rest des Tages, bis er um 18 Uhr von der Arbeit zurückkam, war ich alleine. War mein Einzug für Sebastian die Rettung, weil er nun einen Grund hatte, die Arbeit auch mal ruhen zu lassen, statt bis in die Puppen im Büro zu sitzen und sich aufzureiben, war es für mich der Super-GAU. Während er sich Schritt für Schritt erholte, wurde ich immer unruhiger und unzufriedener. Von Tag zu Tag schraubte ich mich tiefer in Gedankenkreise hinein, übte mich in Introspektion, um herauszufinden, was ich wirklich wollte, denn genau das hatte ich mir ja vorgenommen: meinen eigenen Weg zu finden. Doch statt mutig voranzuschreiten, trieb ich in einer schicken Wohnung in Bielefeld zwischen Ceranfeld und Flachbildschirm hin und her und spielte die westdeutsche, gutbürgerliche Bielefelder Version des Lebens meiner Mutter nach. Herausgelöst aus allen Strukturen und ohne jede Aufgabe war die Katastrophe vorprogrammiert: Ich fiel in ein tiefes Loch.

In der Fremde

Über diese Zeit zu schreiben, fällt mir unendlich schwer, weil es unendlich schwer in Wort zu fassen ist, wie ich mich damals fühlte. Am Anfang war es nur eine vage Orientierungslosigkeit, irgendetwas fehlte. Schon morgens wachte ich mit diesem üblen Gefühl auf, als wäre mir schlecht. Der Tag dehnte sich vor mir aus wie eine unbezwingbare Wegstrecke. In den ersten Wochen hatte ich es noch genossen, tun und lassen zu können, was ich wollte, aber bald schon belastete mich diese Offenheit, und kaum etwas machte mir noch Freude. Ich war allein, zum ersten Mal in meinem Leben war ich wirklich allein. Zu Hause in Neukölln war immer jemand um mich herum gewesen. Egal wann ich nach Hause kam, ich konnte darauf zählen, dass meine Mutter, mein Vater oder meine Geschwister in der Wohnung waren.

Heute weiß ich, es war Heimweh, das mir die Kehle zuschnürte, ein Gefühl, das mir bis dahin völlig fremd war, schließlich war ich nie für längere Zeit von zu Hause weg gewesen. Ich kannte eine Sehnsucht nach Berlin, wenn wir in den Sommerferien die obligatorischen sechs Wochen in Istanbul verbrachten, aber das hier war etwas anderes: Ich vermisste nicht nur meine Heimat, die Straßen von Neukölln, die Geräusche aus der Werkstatt meines Vaters, die durch den Hinterhof hallten, ich vermisste den Duft meines Lieblingsessens, der mir schon im Treppenhaus entgegenschlug, die Katzen, die mir um die Beine strichen, sobald ich die Wohnung betrat, meine Mutter und wie sie in der Küche herumwuselte und türkische Spezialitäten zubereitete, selbst ihren Geruch, eine Mischung aus Muckefuck, Zigaretten und diesem ganz eigenen Mutterduft, meine Geschwister, Hülyas zurückhaltende Art und Ceylans immerwährende Gelassenheit: Ich vermisste meine Familie. In all den Jahren hatten wir so viel gemeinsam durchgemacht, und ob ich wollte oder nicht, diese Erfahrungen hatten uns zusammengeschweißt.

Als ich am Tag nach meiner Hochzeit mein Hab und Gut in die drei Kartons geworfen, zu Sebastian in den Wagen gestiegen und davongebraust war, hatte sich, ohne dass ich es bemerkte, ein Riss aufgetan, der sich einfach nicht mehr schließen wollte. Und bald schon schlich sich etwas ein, das mehr war als Heimweh: Ich fühlte mich verloren – ein ekliges Gefühl. Jeden verdammten Morgen wachte ich mit diesem Gefühl auf. Es legte sich wie ein Filter über alles, was um mich herum geschah, und tauchte es in ein schlechtes Licht. Wenn ich es schaffte, mich aus dem Bett zu quälen, drehten sich meine Gedanken im Kreis, oder vielmehr: in einer Abwärtsspirale. Erinnerungen an meine Kindheit stiegen in mir auf, an die Unsicherheiten und Fragen, die mich damals umgetrieben hatten. Wer bin ich? Warum bin ich so wütend? Warum bin ich so ungnädig mit mir und mit anderen? Dazu kamen neue Fragen: Warum bin ich auf der Welt? Warum gibt es so viel Leid? Was ist meine Aufgabe? In mir machte sich eine Mischung aus Wut, Verzweiflung, Schuldgefühlen, aus Scham, Engegefühlen, Wehmut und Trauer breit, bis ich nicht mehr unterscheiden konnte, was ich fühlte oder ob ich eigentlich überhaupt noch irgendetwas fühlte. Ich kann gar nicht genau sagen, worum meine Gedanken Tag für Tag kreisten. Ich steigerte mich in tiefe Verzweiflung über mich und über die Welt hinein, war so empfindsam, dass ich mir alles zu Herzen nahm. Eine kurze Meldung in der Zeitung über einen schlimmen Vorfall reichte aus – schon beschäftigte ich mich tagelang damit, quälte mich damit. Irgendwann verließ ich das Haus nicht mehr, aß nicht mehr richtig, zog mich völlig in mich zurück. Am Ende dieser Abwärtsspirale standen immer wieder die gleichen Überzeugungen: *Mit dir stimmt was nicht. Du bist nicht richtig. Du bist nicht gut genug. Du kannst es nicht schaffen.* Für mich waren das Fakten, an denen sich nicht rütteln ließ. Ich war gefangen in mir selbst, und dieses Selbst war nicht gut zu mir. Jahrelang hatte ich mich um andere gekümmert, hatte Patienten Mut zugesprochen, mir ihre Sorgen angehört und sie aufgerichtet, aber als ich selbst den Halt verlor, wusste ich nicht, wie ich gut zu mir sein sollte. Nachsicht zu üben, geduldig mit mir zu sein, zu trauern, mich zu spüren – diese Dinge musste ich erst lernen, und ich lerne sie bis heute. Mit der Zeit wurde mir bewusst, dass der Neustart, den ich mir so rosig ausgemalt hatte, eine trügerische Utopie war. Die enge Wohnung in Neukölln hatte ich schlicht mit einem hellen Apartment in Bielefeld vertauscht. Statt unordentlich und klein war jetzt alles um mich herum sauber und glänzend. Aber ich saß immer noch in dem gleichen Gefängnis: Ich war immer noch dieselbe, mit denselben Problemen, denselben Überzeugungen.

Prêt-à-porter

Was hat mich aus diesem Teufelskreis herausgeholt? Leider war es keiner der gut gemeinten Ratschläge meiner Schwiegereltern oder meiner Familie, denen es schwerfiel, mich so zu sehen. Auch nicht die Pep-Talks, zu denen sie irgendwann übergingen: «Reiß dich zusammen!», «Sei nicht traurig!», «Geh doch mal ein bisschen raus, spazieren.» Wer so etwas zu jemandem sagt, der depressiv ist, der hat nicht verstanden, was eine Depression bedeutet. Jeder Druck von außen führte nur dazu, dass ich mich weiter in mich zurückzog. Ich war wie ein Kind, das schutzlos der Welt ausgeliefert war und von dem alle forderten, dass es sich erwachsen verhielt.

In den ersten Wochen, in denen es mir so schlecht ging, verbarg ich meine Gefühle vor Sebastian. Ich weinte alleine, ich riss mich zusammen, verschloss meine Trauer in mir. Ich wollte nicht undankbar erscheinen, schließlich hatte er mir all das ermöglicht, hatte mir die Türen weit geöffnet. Wie konnte ich jetzt nur noch eines wollen: nach Hause? Das alles für mich zu behalten, war natürlich ein riesiger Kraftakt, und irgendwann wurden der Druck und das Gefühlschaos so groß, dass ich meinen Zustand nicht mehr verbergen konnte. Sebastian tat instinktiv genau das Richtige und war für mich da, ohne mich zu bedrängen. Er tröstete mich, wenn ich weinte, hörte mir zu, wenn ich reden wollte, und ermutigte mich, mit ihm nach draußen zu gehen. Alles in allem zeigte er mir, dass er an meiner Seite war, egal was passierte, dass es okay war, zu trauern. Ohne es jemals auszusprechen, sagte er mir mit all seinen Gesten: Du bist gut, so wie du bist. Trotzdem war das auch für ihn eine schwere Zeit. Jemandem dabei zuzusehen, wie er leidet, ihn aus seinem tiefen Loch aber nicht herausholen zu können, erfordert viel Durchhaltevermögen und auch Selbstschutz. Beides brachte mein Mann auf.

Irgendwann kam dann der Tag, an dem ich mich selbst nicht mehr ertrug. Ich konnte das alles einfach nicht mehr aushalten – die Gedankenkreise, die Übelkeit, wenn ich am Morgen die Augen aufschlug, als würde ich das Leben nicht vertragen. Geradeheraus gesagt: Ich kotzte mich an. Und das war der Moment, in dem sich ein Schalter in mir umlegte.

Ich wünschte, ich könnte etwas anderes erzählen. Ein Patentrezept herausgeben, irgendetwas schreiben, das einen Sinn ergibt, eine Schritt-für-Schritt-Anleitung raus aus der Krise, aber ich kann es nicht. Man kann den Schmerz nicht umgehen. Es gibt keinen Weg außenrum, es geht nur mittendurch, bis irgendwann der Tag kommt, an dem man wieder etwas fühlt, an dem man den Blick hebt und der Ekel, der alles überdeckt, winzigen Momenten weicht, in denen man nicht mehr in sich selbst gefangen ist. Als dieser Tag für mich gekommen war, nahm ich mein Leben vorsichtig wieder in die Hand. Nicht alleine! Gott, nein, das nicht, aber ich war zäh, ich hatte in der Vergangenheit schon viele Hürden genommen, und gemeinsam mit meiner Familie, allen voran meinen Geschwistern, nahm ich auch diese.

Bei einem Essen bei meinen Schwiegereltern fragte mich mein Schwager, warum ich mich nicht mehr mit Mode beschäftigte, ich hätte doch offensichtlich einiges an Wissen über High-End-Brands angesammelt, dazu ein Gespür für Formen und Farben. Wir hatten uns in der Vergangenheit öfter über verschiedene Designer und neue Kollektionen unterhalten, und er hatte mir Komplimente für meine Outfits gemacht. Einige Tage später überredete Sebastian mich, trotz des schlechten Wetters mit ihm in die Stadt zu gehen, ein Stück Kuchen zu essen und etwas zu bummeln. Als wir so durch die Altstadt schlenderten, sah ich, dass die Bielefelder Hermès-Boutique eine Aushilfe im Verkauf suchte, ging spontan hinein und stellte mich vor. Die vornehme alte Dame, die den Laden leitete – schon damals muss sie über siebzig gewesen sein –, sah recht pikiert drein, als ich vom Regen durchnässt und in Gummistiefeln in ihren Laden stapfte, aber mein unbefangenes Auftreten muss ihr auch imponiert haben. Wenn ich ihr bis morgen eine Bewerbung vorlegen könne, werde sie mich berücksichtigen. Also setzte Sebastian sich mit mir vor den Computer, und wir verfassten zusammen ein Anschreiben, in dem ich mich für das Gespräch bedankte und schrieb, dass ich mich im Haute-Couture-Segment sehr gut auskannte, außerdem mode-, stil- und trendbewusst sei, mich also voll und ganz mit dem Unternehmen identifizieren könne. Am nächsten Tag brachte ich die Bewerbung im Laden vorbei, die Inhaberin las sie schweigend durch, musterte mich von oben bis unten und sagte: «Nächste Woche Montag fangen Sie hier an.»

Ready-to-wear

Ich sage es, wie es war: Jeder einzelne Schritt nach vorn war zu dieser Zeit eine Herausforderung, und an jedem Tag wechselte meine Stimmung wie das Wetter im April. Manche Dinge fielen mir erstaunlich leicht wie das spontane Vorstellungsgespräch, andere türmten sich vor mir auf wie unüberwindbare Hürden. Manchmal kostete es mich schon Überwindung, einen Fuß vor die Tür zu setzen. Aber ich zog mich nicht mehr zurück, und jedes noch so kleine Erfolgserlebnis machte mich stärker. Nur wenige Monate zuvor hätte ich mir nicht vorstellen können, mich als Verkäuferin zu bewerben – zu wenig herausfordernd, wäre mein vorschnelles Urteil gewesen –, doch in jener Phase war es genau das Maß an Verantwortung, das ich auf meinen Schultern tragen konnte. Wie ich schon sagte: Babysteps!

Von da an ging es mir von Tag zu Tag besser. Morgens hatte ich wieder einen Grund aufzustehen, mich für die Arbeit fertig zu machen, mich schick anzuziehen, etwas Schminke aufzutragen, mich um mich selbst zu bemühen. Wenn ich um 10 Uhr den Laden öffnete und meine übliche Routine absolvierte – das Desk vorbereiten, die Kasse einräumen, einen Tee mit meiner Kollegin trinken, die Kleider in der Auslage glatt streichen und vorsichtig den Staub von den edlen Lederwaren entfernen –, dann fühlte ich mich einfach nur wohl. In den ersten Wochen verbrachte ich viel Zeit im Lager und nahm mit meiner Chefin die Waren an, die direkt aus Paris nach Biele-feld geliefert wurden. Paris! Ich träumte von dieser Stadt – von den Modehäusern und den Boutiquen. Innerhalb kürzester Zeit lernte ich die Produktlisten auswendig. Ich interessierte mich für alles: wessen Hände die Kleidungsstücke und Leder-waren fertigten, woher die Seide für die schwingenden Röcke aus der Frühjahrskollektion stammte, woher das Leder für die Krokoshorts. Wer entwarf die Prints, wer die schmalen Leder-hosenträger? Gab es die in verschiedenen Größen, konnte man auch andersfarbige Schnallen zu den Halstüchern be-kommen und die Taschen – diese handgefertigten Kunstwer-ke –, wo und wie wurden sie bedruckt, wo wurden sie genäht, warum gerade Grace Kelly und Jane Birkin? Eines Tages, als ich mich wieder mal für das Lager gemeldet hatte, wo ich weit lieber arbeitete als im Verkauf, kam meine Chefin zu mir nach hinten und half mir beim Auspacken. Sie beobachtete mich dabei, wie ich die Kleidungsstücke vorsichtig aus ihrer Ver-packung befreite, wie ich den Stoff glatt strich und das Leder der Taschen prüfte, mir die Nähte ansah und sie auf den Ein-gangslisten abhakte. «Was empfindest du, wenn du all das hier siehst?», fragte sie mich. Die Frage traf mich unvorbereitet, aber ich musste nicht lange überlegen: «Wissen Sie, ich feiere kein Weihnachten, auch kein Silvester oder meinen Geburts-tag, weil ich damit nicht groß geworden bin, aber das hier, das ist für mich Weihnachten, Silvester und Geburtstag in einem. So stelle ich mir vor, muss es sich anfühlen.»

Besonders eine Tasche hatte es mir damals angetan: die Kelly Bag. Als ich sie das erste Mal in einer der Vitrinen sah und über ihre Geschichte las, sehnte ich mich danach, sie zu besitzen: «Seit 1935 im Hause Hermès gefertigt, ist diese schlichte, trapezförmige Handtasche ein Beispiel für Hermès' Liebe zum Handwerk und für die Verarbeitung hochwertiger Materialien.» Laut Legende trug Grace Kelly die Tasche 1956 am Arm, als sie ihre Verlobung mit Prinz Rainier von Monaco bekannt gab, und verbarg dahinter die ersten Anzeichen einer Schwangerschaft vor den Paparazzi. Ob es nun so war oder nicht, die Fotografie, auf der Grace Kelly die Handtasche hält, ging um die Welt. Unzählige Zeitschriften zeigten sie auf der Titelseite, und die *Petit Sac Haut à Courroies*, wie sie damals noch hieß, hatte ihren inoffiziellen Namen weg. Frauen auf der ganzen Welt wünschten sich fortan eine Kelly Bag, die Handtasche für die unabhängige und unternehmungslustige Frau. Und in einer kleinen Boutique in Bielefeld arbeitete eine von ihnen, nahm sie im Lager vorsichtig aus der Verpackung, hängte sie sich über den Arm und träumte davon, die Kelly Bag mit allem, wofür sie stand, ihr Eigen zu nennen.

Die Arbeit bei Hermès war ein Anfang, eine Aufgabe, die ich bewältigen konnte. Ich lernte etwas Neues über Mode und nebenbei auch grundlegende Dinge über gute Geschäfte. Und ich war nicht überfordert – das war eine gänzlich neue Erfahrung für mich und genau das Richtige, um wieder auf die Beine zu kommen. Es half mir, einerseits mit mehr Ruhe die Vergangenheit zu betrachten, andererseits den Blick ohne Druck in die Zukunft zu richten.

Little Women

Bis ich etwa dreißig Jahre alt war, wusste ich recht wenig über meine Mutter. Das rührte sicherlich daher, dass unser Verhältnis lange Zeit nicht von Wärme und Zuwendung geprägt war. Trotzdem glaube ich, dass es vielen Töchtern so geht – dass sie irgendwann ein Aha-Erlebnis haben und begreifen, dass ihre Mutter auf ein Leben zurückblickt, das nicht erst mit der Geburt ihrer Kinder begann. Dass sie selbst Kind, Tochter, Jugendliche, Frau, Liebende war und erst später irgendwann auch Mutter wurde. Für mich kam diese Erkenntnis in der Zeit, in der es mir so schlecht ging. Jeden Tag telefonierte ich mit der Frau, die ich Anne nannte und von der ich erst damals nach und nach verstand, wie fremd sie mir eigentlich war. Ich wusste kaum etwas über ihr Leben, welche Sorgen sie umtrieben, welche Träume sie träumte – hatte sie Träume? Meist dauerten diese Gespräche nur fünf Minuten, und wir fragten einander verschämt, wie es ging, ohne wirklich miteinander zu reden. Es gab einfach keine Anknüpfungspunkte – dachte ich.

In jener Zeit begann ich auch, häufiger mit meinen Schwestern Ceylan und Hülya zu telefonieren. Auch das werden viele Frauen kennen: Erst dann, wenn man das Elternhaus verlässt, wird das Verhältnis zu den Geschwistern, die einem jahrelang auf die Nerven gingen, enger. Mit Hülya, die nur zwei Jahre älter ist als ich, hatte ich mir regelrechte Schlachten geliefert, die sich mitunter der vollen Wrestling-Klaviatur bedienten: Kratzen, Beißen, An-den-Haaren-Zerren, Rumschreien … Einmal hatte ich in meiner Wut das Telefon mit einer solchen Wucht nach ihr geworfen, dass es sie nur knapp verfehlte und an der Wand hinter ihr in tausend Teile zersprang. Doch jetzt, mit dem nötigen Abstand, merkte ich, wie sehr mir meine Schwestern fehlten. Wie sehr mich ihr Auszug von zu Hause, der jeweils mit ihren Hochzeiten zusammengefallen war, getroffen hatte.

Als ich Ceylan am Telefon beschrieb, wie es mir in Bielefeld ging und wie sehr ich es vermisste, sie einfach nur um mich zu haben, erzählte sie zu meinem Erstaunen, dass es ihr ganz genauso ergangen war, als sie mit ihrem Mann zusammengezogen war. Dass sie sich in den ersten Wochen nicht mehr als wenige Meter vom Telefon entfernt hatte, weil sie darauf wartete, dass einer von uns anrief, und sie Angst hatte, diesen Anruf zu verpassen. Dass sie sich in ihrer Wohnung in Lankwitz alleine und wie ausgesetzt gefühlt hatte. Und auch Hülya, die ein weit traditionelleres Familienmodell lebt, als wir es tun, traf der Übergang in die Ehe hart. Sie verließ ihre Familie, ihre Heimat und hängte ihr Studium an den Nagel, um mit ihrem Mann nach Kassel zu ziehen und ein Leben als Hausfrau und Mutter zu führen. Was für eine riesige Umstellung das gewesen sein muss, das konnte ich damals gar nicht ermessen, erst nachdem ich selbst Ähnliches durchlebt hatte, wurde mir bewusst, wie schwer das damals für sie gewesen sein muss. Wir Schwestern hatten alle drei ähnliche Erfahrungen gemacht: Unser Leben hatte sich innerhalb von wenigen Stunden für immer verändert, und wir spürten die schmerzhafte Lücke, die dabei gerissen worden war. Im Nachhinein kann ich sehen, dass dieser Schmerz auch sein Gutes hatte: Niemand außer Ceylan und Hülya konnte so gut verstehen, was ich durchmachte. Niemand wusste mich besser zu trösten. Das gemeinsame Leid schweißte uns zusammen, half uns, die lange Sprachlosigkeit zwischen uns zu überwinden.

Als wir Schwestern anfingen, miteinander zu reden, ließ das in mir auch den letzten Damm brechen: Ich sprach mit meiner Mutter, ich fragte sie aus, ich begriff, dass es Gründe für ihre Trauer und Überforderung gab. Als sie mir ihre Geschichte erzählte, wurde mir bewusst, dass sie ihr Leid, den Schmerz der Trennung und des radikalen Wandels, mit uns Kindern teilte und dass sie im Gegensatz zu uns nie eine enge Vertraute gehabt hatte, um sich über ihr Trauma auszutauschen. Von einem Tag auf den anderen hatte sie ihre Heimat, ihre Geschwister, ihre Eltern, ihr gesamtes soziales Umfeld verlassen und war mit einem Mann zusammengezogen, den sie damals kaum kannte. Sie lebte in einem fremden Land, bewegte sich unter Menschen, deren Sprache und Gebräuche ihr fremd waren. Ihr Leben, das zuvor noch bestimmt gewesen war von der Weite des Gebirges und der Struktur einer Großfamilie, schrumpfte auf die enge Wohnung in Neukölln und die Beziehung zu einem ihr fremden Mann zusammen.

Wenn ich heute auf diese vier Biographien blicke, dann kommt es mir vor, als zöge sich ein roter Faden durch die Geschichte der Frauen in unserer Familie. Wie weit mag er in die Vergangenheit reichen? Wie viele Frauen vor uns haben ihre Familie, ihre Heimat, wie viele auch ihre Träume zurückgelassen? Wie viele waren mit ihren Sorgen und Ängsten alleine?

In unserer Familie sind wir nicht mehr alleine, wir reden

miteinander, wir streiten, wir weinen miteinander, wir trauern um die Jahre, die wir getrennt voneinander gelitten haben, und wir können miteinander lachen. Wir sind weitergegangen. Der Wandel hat von unserem Leben Besitz ergriffen, und wir haben ihn nicht abgewehrt. Heute frage ich meine Schwestern oder meine Mutter um Rat, wenn ich nicht weiterweiß. Ceylan, Hülya, Serdar und ich haben eine gemeinsame WhatsApp-Gruppe, in der wir uns täglich Fotos, lustige Geschichten aus unserem Leben, Musik, Fragen und gute Wünsche schicken. Meine Mutter und ich telefonieren nahezu täglich. Unsere Gespräche gehen mittlerweile tiefer. Es ist ein gutes Gefühl, sie an meiner Seite zu wissen. Obwohl wir räumlich voneinander getrennt sind, stehen mir diese Frauen so nahe wie niemand sonst. Sie sind meine Familie, wir sind miteinander verbunden. Ich sehe das jetzt, ich sehe, dass ich Teil einer langen Geschichte bin, die weit zurückreicht. Diese Geschichte hat mich geprägt. Sie beeinflusst mein Leben jeden Tag, und meine Schwestern und ich schreiben diese Geschichte neu. Vielleicht, denke ich manchmal, haben wir den roten Faden dadurch, dass wir einander helfen, aufgeribbelt, sodass er für jeden von uns etwas dünner geworden ist und irgendwann ausläuft. Was dann kommt, das weiß ich nicht, aber das ist ja gerade das Spannende.

Ankommen – wie ich durch YouTube mein Leben veränderte

Major Tom to Ground Control

Ich schüttete mich aus vor Lachen. Jedes einzelne Mal, wenn Sebastian die Kamera einschaltete und mir aufmunternd zunickte, fühlte ich mich im Angesicht des Objektivs so unwohl, dass ich hemmungslos losprustete – das Ganze war mir einfach nur peinlich. Und der gute Herr Schmidt trug auch nicht gerade zum Gelingen der Aufnahme bei, grinste wie ein Honigkuchenpferd und amüsierte sich köstlich über meine zaghaften Versuche, mich auf YouTube vorzustellen. Zum Schluss musste ich Sebastian des Zimmers verweisen, um die wenigen Sätze aufzusagen, die ich mir zurechtgelegt hatte: «Hey, hier ist Tice, ich bin neu bei YouTube und freue mich, in den nächsten Videos Tipps und Tricks mit euch zu teilen über Fashion, Make-up, Styling und vieles mehr. Ich hoffe, wir haben die nächste Zeit viel Spaß miteinander. Daumen hoch, wenn ihr es mögt, Daumen runter, wenn ihr es nicht mögt. Bis bald!» Und das war's, das war der Text zu meinem ersten Video als Beauty-Bloggerin auf YouTube.

Ich wollte mich ausprobieren, etwas tun, das mir Spaß macht, und wieder Kontakt zur Welt aufnehmen – ganz ohne Druck oder Verpflichtungen. Mein Mann war mit an Bord, er hatte mich dazu ermutigt, den Kanal zu eröffnen. Rückblickend war das genau das Richtige. Ich war damals noch ziemlich zerbrechlich, ging noch immer wenig vor die Tür, und YouTube erleichterte es mir, wieder in Verbindung mit der Außenwelt zu treten: *This is Major Tom to Ground Control ...* Wenn ich das Video heute anschaue, dann erkenne ich mich kaum wieder, so leise und hoch klingt meine Stimme. In den Outtakes dagegen sehe ich schon in Ansätzen die Frau, die ich heute bin. Schon damals war alles da, was mich heute ausmacht, ich konnte es 2012 nur noch nicht greifen und zeigen. Die Lachflashs habe ich immer noch, sie sind mir nur nicht mehr peinlich.

Erfahrungen mit YouTube hatte ich längst gemacht. Seit ich die Plattform Mitte der 2000er für mich entdeckt hatte, schaute ich die Videos anderer YouTuber, die damals noch ganz anders aufgestellt waren als heute. Wie ich es mit meinen Gesangsvideos gemacht hatte – plain am Schreibtisch, ohne professionelle Ausleuchtung und Kameraequipment –, posteten zu der Zeit viele junge Frauen und Männer ihre ersten Beauty-Tutorials, darunter auch Nilam Farooq, die unter dem Pseudonym DAARUUM aktiv war. Und ich saß in Neukölln in unserer Wohnung in der Sonnenallee und sog diese Videos gierig auf. Neben den Kanälen der deutschen Beauty-YouTuber trieb ich mich vor allem auf dem Kanal einer jungen Brasilianerin herum, deren farbenprächtige Styles mir extrem gut gefielen. Unbefangen kombinierte sie blauen mit gelbem Lidschatten, dazu Eyeliner in verschiedenen Farben, Fake

Lashes und zum Schluss noch knallrote Lippen. Obwohl ich kein Wort von dem verstand, was sie sagte, schließlich sprach ich kein Portugiesisch, bewunderte ich sie dafür, dass sie sich traute, ein so auffallendes Make-up aufzulegen. Das war etwas ganz anderes als das, was ich gewohnt war und was auf den Kanälen in Deutschland gezeigt wurde.

Als ich 2012 mein erstes Video postete, zählte Nilam Farooqs Kanal schon mehrere hunderttausend Abonnenten, und es erschienen erste Artikel über das YouTuber-Phänomen, in denen erstaunt berichtet wurde, dass die junge Generation sich vom Fernseher abwandte und stattdessen die Videos von YouTubern klickte – und zwar millionenfach. Als sich die ersten Leute mein Video ansahen und den Kanal abonnierten, freute ich mir den Hintern ab. Jedes Mal, wenn wieder jemand dazukam, war ich so happy, dass ich Sebastian auf der Arbeit anrief: «Schatz, wir haben jetzt schon 26 Abonnenten!» Ein paar wenige Leute kommentierten das Video, und ich antwortete jedem Einzelnen, weil ich es so toll fand, dass sie mir, einer jungen Frau, die sie doch gar nicht kannten, einfach so etwas Nettes schrieben. Und Sebastian feierte das mit mir. Wir hatten einfach Spaß daran, mit Themen und Formaten zu spielen und ein gemeinsames Hobby auszuleben. Während Sebastian seiner Technikaffinität frönen konnte, gefiel mir besonders die kreative Redaktionsarbeit: mir ein Format auszudenken und Inhalte auf unterhaltsame Art und Weise zu präsentieren. Die Videos, die wir machten, erschienen unregelmäßig und drehten sich mal um Make-up, mal versuchten wir uns an einem Haul oder posteten Kochvideos. Aber am meisten Spaß hatte ich, wenn ich einen Look schminkte, wenn ich mich verwandeln durfte und anderen zeigen konnte, wie das ging.

Dabei wusste ich ja selbst noch gar nicht so viel. Für mich war YouTube ein Spielfeld, ich probierte mich aus, schaute, womit ich mich wohlfühlte, machte Fehler, lernte daraus und machte weiter. Am Anfang war ich noch zurückhaltend, aber mit jedem Video traute ich mich mehr und wurde sicherer in dem, was ich tat.

Wenn ich mir die Videos von vor sechs Jahren heute ansehe, möchte ich einerseits im Boden versinken, weil ich damals so viele Dinge gemacht habe, die ich heute nicht mehr machen würde, andererseits bin ich stolz, weil ich so unbedarft an die Sache rangegangen bin und etwas gewagt habe, obwohl ich kaum Erfahrung hatte. Das machen wir viel zu selten: etwas tun, einfach nur um des Tuns Willen, ohne Ziel, ohne Plan, einfach los und ab. Doch erst als ich mich, ohne lang zu überlegen, in dieses Abenteuer stürzte, fand ich Schritt für Schritt heraus, was mir lag und was nicht. Ich lernte mich besser kennen, und je mehr ich das tat, desto selbstbewusster wurde ich, desto fester wurde meine Stimme.

Back on track

Ende 2013, wir hatten auf unserem Kanal jetzt um die tausend Follower, nahm ich privat an einem Wettbewerb teil, zu dem Nilam Farooq zusammen mit Coca-Cola Light auf ihrem Kanal aufgerufen hatte. Nilam war damals eine der erfolgreichsten Beauty-YouTuberinnen und wie LeFloid und Y-Titty bei dem mächtigen Netzwerk Mediakraft unter Vertrag. Jeden Tag postete sie ein neues Video, das sich um Fashion, Beauty und Lifestyle drehte. Für den Wettbewerb sollte man Fotos von sich auf Facebook stellen, auf denen man seinen Lieblingslook für das Jahr 2014 in Szene setzte. Als Gewinn winkte ein Meet & Greet mit Nilam, ein Backstage-Besuch auf der Berliner Fashion Week und ein Platz in der Front Row einer Fashion-Show. Darauf hatte ich Lust! Ich wollte Nilam unbedingt kennenlernen. Ich liebte ihre direkte und ungekünstelte Art. Diese Frau war mit so viel Power und Elan bei der Sache, man merkte ihr einfach an, dass sie voll hinter dem stand, was sie tat, und sich dafür nicht verbiegen musste. Das war für mich damals eine große Inspiration. Als Modeverrückte sehnte ich mich natürlich auch danach, in die Fashionwelt einzutauchen, hatte aber keinen blassen Schimmer, wie ich das anstellen sollte. In der Ausschreibung witterte ich meine Chance und bat Sebastian um Hilfe.

Für die damaligen Verhältnisse zogen wir die Sache ziemlich professionell auf: Ich kaufte in der Apotheke eine Rettungsdecke für den Hintergrund, und Sebastian packte seine Kamera aus und veranstaltete ein kleines Shooting mit mir. Am Ende des Tages konnten wir aus einem riesigen Fundus an Fotos auswählen. Ich hatte mich für einen Look in Nude-Farben entschieden, da ich mir gerade ein paar neue Stücke von Asos bestellt hatte, die perfekt zu diesem Trendthema 2014 passten. Wir posteten die schönsten Fotos, dann hieß es abwarten. Eines Abends ging eine E-Mail auf meinem Handy ein: «Herzlichen Glückwunsch, Hatice, du hast bei meinem Wettbewerb gewonnen und fährst im Januar mit mir zur Fashion Week nach Berlin.» Ich kippte beinahe aus den Latschen. Ich hatte noch nie, wirklich noch nie in meinem Leben bei irgendetwas gewonnen. Ihr könnt euch nicht vorstellen, wie sich das anfühlte. Da war so eine Energie in mir, ich musste erst mal ausgiebig durch die Wohnung springen, ehe ich wieder ein gerades Wort herausbrachte und Sebastian anrufen konnte, um ihm die große Neuigkeit zu verkünden. Wie so oft war es unser Teamwork, das mich auf die Fashion Week brachte. Wir bildeten ein gutes Team, da passte einfach alles, und über die gemeinsame Aufgabe und den Erfolg lernten wir einander noch besser kennen und wuchsen auch als Paar enger zusammen. Trotzdem: Als wir Mitte Januar Richtung Berlin fuhren, konnten wir nicht ahnen, wie sehr der Besuch auf der Fashion Week unser Leben verändern sollte.

Auf der Fashion Week

Gott, war ich aufgeregt! Als ich am Morgen der Fashion Week in meinem ehemaligen Zimmer in der Sonnenallee aufwachte, schlug mir das Herz schon bis zum Hals. Zeit für langes Grübeln hatte ich allerdings nicht. Erst mal hieß es Haare machen, schminken, Haarband binden und ab dafür. Als ich Nilam dann traf, verflog die Aufregung in Sekundenbruchteilen, sie strahlte eine solche Herzlichkeit aus, dass selbst ich, die ich Fremden oft sehr zurückhaltend und vorsichtig begegne, schnell alle Hemmungen ablegte. Gemeinsam erkundeten wir das Gelände, schauten uns den Backstage-Bereich an, wo es unerwartet ruhig und gesittet zuging, die Models eine Kopfmassage genossen und gemächlich für die Show zurechtgemacht wurden. Ich beobachtete sehr genau, wie die Make-up-Artists ihrem Handwerk nachgingen, und nahm die Atmosphäre in mich auf. Ich war so versunken, so in Beschlag genommen von dieser Welt, von der ich immer geträumt hatte, dass ich völlig die Zeit vergaß. Mit Nilam verstand ich mich auf Anhieb, wir stammten ja beide aus Berlin, waren in der Hauptstadt aufgewachsen und hatten uns einiges zu erzählen. Wir quatschten entspannt miteinander, bis wir den Saal betraten, in dem der Runway schon auf die Models wartete.

Eine Fashion-Show in der Front Row mitzuerleben, war eine einzigartige Erfahrung. Wir besuchten die Show von

Laurèl, und ich fühlte mich großartig, selbstbewusst, stark. Das war eine Atmosphäre! In der ersten Reihe wurde genetzwerkt, was das Zeug hielt, alle schienen sich zu kennen. Küsschen hier, Küsschen da: *Du siehst so toll aus. Wie machst du das nur? Ich rufe dich an, versprochen!* Im ganzen Saal summte es vor lauter Stimmen, geschäftigem Stühlerücken und freudigem Hallo. Bis die Lichter heruntergedimmt wurden, sich eine erregte Stille über die Menge senkte, dann wie aus dem Nichts elektronische Klangwellen über den hell aufleuchtenden Laufsteg rollten und das erste Model heraustrat. Ich war im Himmel. Da saß ich nun und schaute mir aus nächster Nähe die neueste Kollektion eines der führenden deutschen Mode-Labels an. Diese Stoffe! Von meinem Platz in der ersten Reihe aus konnte ich das Rascheln der edlen Zwirne hören, wenn die Models schnellen Schrittes vorüberzogen, sah das Farbenspiel, wenn die dunklen Seiden-Capes sich bauschten. Ich konnte die feinen Details der Spitze erkennen und das Klirren der Bikerboots unter den elektronischen Beats ausmachen. In ihrer Winterkollektion kombinierte die Chefdesignerin Elisabeth Schwaiger damals klare Linien und feinste Stoffe mit schweren Stiefeln. Wenn ich gekonnt hätte, ich hätte mir vom Fleck weg mindestens sechs oder gar sieben der Entwürfe zugelegt.

Am Ende des Tages und nach einem Abendessen mit Nilam stieg ich mit schmerzenden Füßen – ich lief seit über sechs Stunden in Schuhen mit Zwölf-Zentimeter-Absätzen herum –, aber so glücklich wie seit langem nicht mehr zu Sebastian in den Wagen, der mich zurück nach Neukölln brachte. Ich war so voll Adrenalin! Wie war ich nur hierhergekommen? Ich hatte doch gar nichts gemacht, war schlicht meinem Instinkt gefolgt, hatte aus Spaß an der Freude ein paar Videos hochgeladen und an einem Wettbewerb teilgenommen. Heute weiß ich, dass man genau so an die Dinge herangehen muss. Dass es wichtig ist, etwas aus purer Freude zu tun. Es geht darum, Spaß zu haben, Dinge auszuprobieren, in sich hineinzuspüren, ob es sich gut anfühlt, und jedes Gefühl, das aufkommt, ernst zu nehmen. Damals aber war es für mich wie ein Traum. Als wäre ich Alice im Wunderland und durch einen Kaninchenbau in ein anderes Land getreten. Als ich zu Hause war, fiel ich Sebastian überglücklich um den Hals. Alles in mir war leicht, und ich war noch lange hellwach, ehe ich einschlafen konnte.

Die eigentliche Überraschung stand allerdings noch aus. Kurz nach der Fashion Week postete Nilam ein Video über unseren Besuch, und als es online ging, überschlugen sich die Zuschauer in der Kommentarspalte. Einer der ersten meinte, dass er sich gut vorstellen könne, YouTube-Videos von mir zu schauen, und ein paar andere reagierten darauf und verwiesen auf meinen Kanal. Darauf gingen immer mehr Kommentare ein: «Hati soll auch einen Kanal machen», hieß es da, oder: «Ich würde so gern Videos der Gewinnerin schauen. Sie ist toll!»

Als ich auf mein Handy sah und meinen YouTube-Kanal öffnete, war ich verwirrt. Irgendetwas konnte mit der Anzeige der Abonnentenzahl nicht stimmen. Als Sebastian und ich in Bielefeld losgefahren waren, hatten wir auf dem Kanal um die 1000 Abonnenten, und jetzt sollten es plötzlich 1500 sein? Bis ich verstand, was los war, hatte sich die Zahl schon verdoppelt, und als Nilam dann noch mit den Worten «Alle sind ganz verrückt nach Hatice Schmidt» auf Twitter auf meinen Kanal verwies, gab es kein Halten mehr. Als Sebastian und ich am Abend zurück in Bielefeld die Wohnungstür aufschlossen und uns aufs Sofa fallen ließen, lag die Zahl bei 10 000 und stieg stetig an. Es war der Start einer Karriere, die ich mir so nicht hätte erträumen können.

An jenem Abend konnte ich noch nicht wissen, wie sehr sich mein Leben von nun an verändern würde. Welche neuen Eindrücke und Erfahrungen auf mich warteten und wie sehr ich dadurch wachsen würde. Welche Länder ich sehen und welche Möglichkeiten sich mir durch YouTube und meine finanzielle Unabhängigkeit eröffnen würden. Ich hatte keine Ahnung, wie viele Menschen ich mit meinen Videos erreichen und wie viele neue inspirierende Freundschaften ich schließen würde. Ich wusste auch noch nicht, wie viel Verantwortung, Arbeit und Verzicht damit einhergehen sollten, wie oft ich todmüde und überwältigt von den neuen Eindrücken meine Schuhe in einem leeren Hotelzimmer abstreifen würde, wie sehr sich der Stress auf meinen Körper auswirken sollte und wie hart die Menschen im Internet mit anderen ins Gericht gehen. Im Bruchteil eines Augenblicks veränderte sich mein Leben für immer.

Sich aufbauen

Wenige Monate nach der Fashion Week in Berlin kündigte ich meinen Job bei Hermès. Ich sorgte mich natürlich, dass ich ohne die Arbeit wieder in ein Loch fallen würde, aber diesmal war es anders. Ich hatte eine Entscheidung getroffen: Ich wollte das tun, wovon ich als Kind geträumt hatte. Ich wollte mir etwas Eigenes aufbauen, etwas, von dem ich sagen könnte, ich hätte es mit meiner eigenen Hände Arbeit und nach meinen Vorstellungen geschaffen. Die Tage auf der Fashion Week hatten mir gezeigt, dass ich auf dem richtigen Weg war. Die viele Zeit und der Aufwand, die Sebastian und ich in die Fotos gesteckt hatten, hatten sich ausgezahlt, und es war mir nicht mal schwergefallen. Wenn ich für eine Sache brenne, dann geht mir die Arbeit leicht von der Hand – das war die Erkenntnis, die ich aus dieser Erfahrung zog. Als ich mich jetzt voll und ganz meinem Kanal widmete, fühlte es sich kaum an wie Arbeit, im Gegenteil, je mehr ich mich damit beschäftigte, desto stärker fühlte ich mich. Nach einer Phase, in der ich morgens oft lange geschlafen hatte, fiel es mir nun nicht mehr schwer, aus dem Bett zu kommen. Ich stand zusammen mit Sebastian auf, startete mit einem Glas Tee in den Tag und machte mir Gedanken, wie meine Videos besser werden könnten und worauf ich mich in Zukunft konzentrieren wollte. In der Vergangenheit hatten wir viel mit Formaten und Inhalten herumexperimentiert, aber mit der Zeit merkte ich, dass Make-up und Fashion die Themen waren, die mir am meisten Freude bereiteten. Also warf ich mir nach dem Frühstück meinen Mantel über und ging auf Streifzug durch die Drogerien und Parfümerien, um mich umzuschauen, was der Markt so hergab. Ich war bereit, Neues auszuprobieren.

Während ich so durch die Geschäfte streifte, stellte ich fest, dass es mich vor allem zu den High-End-Produkten hinzog, für die ich schon immer ein Faible gehabt hatte. Ihr erinnert euch an meinen ersten Lippenstift von Yves Saint Laurent? Das war der Beginn einer großen Liebe. Nach dem Unterricht war ich fortan noch oft mit Jenni ins KaDeWe gefahren, um mich an den Tischen der verschiedenen Marken in das Angebot zu vertiefen. Jenni war ein absoluter MAC-Fan, und ich ließ mich von ihr anstecken. Auf einer unserer Reisen, ich glaube, es war auf Hawaii, besuchten Jenni und ich das Kaufhaus Macy's und baten an einem MAC-Counter um ein Make-over. Es war das erste Mal, dass mich jemand auf diese Weise schminkte. Ich fühlte mich wie eine Göttin. Es war schön, so umsorgt zu werden und dann in den Spiegel zu schauen und die großartige Arbeit des Visagisten zu bewundern: die Augen rosé mit Black Smokey Eyes, geformte und aufgefüllte Augenbrauen, die Lippen in einem wunderschönen Nude-Ton und perfekt umrandet. Das Ergebnis gefiel mir so gut, dass ich vom Fleck weg alle Produkte kaufte, die der Visagist benutzt hatte. Ich verließ das Geschäft mit einer prall gefüllten Tasche und leerem Portemonnaie. Danach tauchte ich ganz ein in die Welt der Kosmetik und befasste mich mit den unterschiedlichen Produkten, was die Vor- und Nachteile dieser oder jener Inhaltsstoffe waren, welche Marken auf Tierversuche verzichteten, welche Produkte für mich die besten Effekte erzielten. Ich merkte, dass es mir wichtig war, dass in meiner Schminke hochwertige Stoffe enthalten waren, schließlich trug ich sie ja auf meine Haut auf. Ich kaufte gerne in einem schönen Umfeld ein, in dem ich gut beraten wurde, und genoss es, wenn die Produkte einen Hauch von Luxus verströmten. Ich glaube, es war der Gedanke, mich zu verwöhnen, der dabei immer im Vordergrund stand. Ich wollte das genaue Gegenteil von dem, was ich zu Hause miterlebt hatte.

Dort ging es lange nur darum, zu funktionieren. Unsere Eltern arbeiteten hart, um uns Kinder durch- und auf die richtige Bahn zu bringen. Und trotzdem gab es Zeiten, in denen wir alle zurückstecken mussten, weil meine Eltern das Monatsticket nicht bezahlen konnten und nur wenig Geld für Schulbücher, Klassenfahrten oder Taschengeld übrig blieb – von irgendwelchen Extras ganz zu schweigen. Jede Mark und irgendwann jeder Euro wurde zweimal umgedreht. Aber selbst wenn Geld da war, habe ich kaum je erlebt, dass meine Eltern sich etwas leisteten oder sich etwas gönnten, indem sie sich eine Auszeit nahmen oder ihrem Körper etwas Gutes taten, sei es durch Sport, eine gute Creme oder einen Ausflug ins Grüne. Das kannten meine Eltern einfach nicht, es lag ihnen fern, wie es vielleicht vielen Menschen aus dieser ersten Einwanderergeneration fernlag. Ähnliche Geschichten kenne ich auch von Freunden aus dem Ruhrgebiet, wo diese Arbeitssituation und die daraus resultierende Lebenseinstellung eher noch unter den Großeltern, also der Generation davor, verbreitet war.

Ich aber wollte so ein Leben nicht führen. Wenn ich arbeitete, wollte ich mir auch die Zeit nehmen können, mich zu pflegen, sorgsam mit mir umzugehen, und mir auch mal etwas gönnen, selbst wenn das bedeutete, dass ich auf viele andere Dinge verzichten musste. Ich sparte wochenlang auf Cremes und Paletten und feierte es, wenn ich endlich das Geld zusammenhatte, um sie mir zu leisten. Wenn ich mich dann zu Hause vorm Spiegel unter Anleitung von Nilam oder Camila Coelho schminkte, fühlte ich mich gut. Ich kümmerte mich um mich. Und ebenjenes Gefühl wollte ich auch auf meinem Kanal vermitteln. Dass es schön ist, sich etwas Gutes zu tun – ob nun mit teuren Luxus-Produkten oder einer Creme aus der Drogerie, das war mir letztlich egal, denn dogmatisch sollte es auf meinem Kanal nicht zugehen. Zwar kristallisierte sich mit der Zeit immer mehr heraus, dass mein Schwerpunkt auf High-End-Produkten lag – das ist einfach meine persönliche Leidenschaft –, doch der Motor, der mich antreibt und mich zu guter Arbeit motiviert, ist, mit mir im Einklang zu sein, und das heißt auch, auf Qualität zu achten. Und genau dafür steht mein Kanal heute: für Qualität und Integrität.

Rückblickend habe ich in jener Zeit gelernt, auf meine innere Stimme zu hören und meinem Bauchgefühl zu vertrauen. Ich erkannte, dass es auf dem Weg zu mir selbst die vielen kleinen alltäglichen Entscheidungen sind, die den Unterschied machen und schließlich zu den großen Weggabelungen führen – nicht umgekehrt. Mein eigener Chef zu sein, das motiviert mich; meinen Tag so gestalten zu können, wie ich es für richtig halte, das vermittelt mir ein Gefühl von Freiheit; mich künstlerisch auszuleben, das gibt mir Kraft. Und was ich lange als willkürlich, als eine Aneinanderreihung von Glücksfällen oder Schicksalsschlägen erlebt hatte, ergab plötzlich Sinn. Mich hat nicht der Wind an den Platz geweht, an dem ich heute stehe. Ich habe das geschafft. Mein Leben ist kein Zufall, und deins ist es auch nicht.

Sag es!

Als ich anfing, YouTube-Videos zu schauen, tat ich das nicht nur, weil ich mich für Beauty-Tutorials interessierte, ebenso wichtig war es mir, einen Blick in das Leben der Person zu werfen, die mir gegenüber am Schreibtisch saß und sich schminkte oder mir etwas über Fashion erzählte. Für mich war YouTube eine Form von Entspannung. Statt vor den Fernseher setzte ich mich nach einem harten Tag in der Klinik an meinen Laptop und schaute eine neue Episode aus dem Leben meiner Lieblings-YouTuberin. Besonders bei Nilams Videos hatte ich das Gefühl, für fünf, zehn oder fünfzehn Minuten Gast in ihrem Leben zu sein. Manchmal erzählte sie etwas Persönliches von sich, fragte: Kennt ihr das auch? Es mag sich seltsam anhören, aber für mich wurde sie mit der Zeit zu einer Freundin, an deren Leben ich ein bisschen teilhatte und die ich mit jedem Video besser kennenlernte.

Als ich mir dann Gedanken darüber machte, wie mein eigener Kanal aussehen sollte, erinnerte ich mich daran zurück. Ich stellte ihn mir wie einen Ort vor, den man betreten konnte und an dem man sich herzlich willkommen fühlen sollte – so wie ich es von zu Hause kannte. Wenn meine Geschwister, Nichten und Neffen, Onkel und Tanten oder die Nachbarn zu meinen Eltern zu Besuch kommen, bekommt jeder ein Glas Tee oder Muckefuck in die Hand gedrückt und darf bleiben,

solange er will. Manchmal geht es zu wie in einem Tauben-
schlag, ständig klingelt es an der Haustür, flattert wieder jemand herein, tauscht mit den vorigen Gästen die Plätze, während meine Nichten durch den Flur toben und meine Mutter
ihren täglichen Arbeiten nachgeht. Diesen Trubel und das ganz
selbstverständliche Eingelassen-Sein in das Leben der Familie
finde ich wunderschön, also lebte ich es auch auf meinem Kanal. Ich erinnerte mich daran, dass meine Eltern mir in der Ausbildung und später, wenn ich zur Arbeit gefahren war, stets ein
paar Worte mit auf den Weg gegeben hatten. Das konnten gute
Wünsche sein, ein Vers, ein weiser Spruch. Damals in Neukölln nahm ich das so hin, aber in Bielefeld merkte ich, wie
sehr mir diese Worte fehlten, wenn ich aus der Haustür trat.
Als die ersten Kommentare auf meine Videos eintrudelten,
machte ich es deshalb instinktiv so wie meine Eltern: Wenn
jemand etwas Nettes sagte, dann bedankte ich mich. Wenn
mich jemand etwas fragte, dann antwortete ich. Wenn jemand
Trost brauchte, dann schrieb ich ein paar ermutigende Worte.
So kannte ich es mittlerweile von zu Hause, und so handhabe
ich es bis heute. Wir alle wissen schließlich, wie schön es ist,
wenn sich uns jemand zuwendet, wenn wir uns gehört oder
gesehen fühlen, wenn uns jemand ein Kompliment macht oder
in einer schweren Stunde ein paar Worte sagt, die uns wieder
aufrichten oder uns wenigstens kurz vergessen lassen, dass wir
traurig oder verletzt sind. Mit meinem Kanal wollte ich einen
Ort gestalten, an dem die Menschen so miteinander umgingen.
Und je mehr ich online darauf achtete, desto häufiger ging ich
mit dieser Einstellung auch durchs Leben.

Wenn ich heute auf der Straße eine Frau sehe, deren Klei-
dungsstil mich begeistert, die etwas gewagt hat, dann halte ich

damit nicht mehr hinter dem Berg. Warum auch? Ich gehe hin und sage es ihr. Das ist die Art von Offenheit und Zugewandtheit, die ich mir in meinem Leben wünsche. Also lebe ich diese Offenheit. Ich erzähle von meinen Ängsten und Sorgen, von Dingen, die vielleicht nicht jeder in der Öffentlichkeit ansprechen würde. Wenn ich einen schlechten Tag habe, dann thematisiere ich das in meinen Storys, wenn etwas Schönes passiert ist, dann teile ich meine Freude darüber. Wenn ich etwas nicht weiß, dann frage ich nach, statt so zu tun, als wüsste ich Bescheid. Ich will etwas lernen. Ich möchte Menschen kennenlernen, mich von ihnen inspirieren lassen, sie verstehen, mich austauschen, mich überraschen lassen, am anderen wachsen. Das ist es, was ich vom Leben will, und das ist es, was ich mir schon damals für meine Community wünschte. Ich wollte einen Ort schaffen, an dem Menschen frei miteinander sprechen können, an dem Gedanken, Sorgen, Probleme, und seien sie noch so abseitig und peinlich, offen angesprochen werden können, an dem unbefangen Fragen gestellt werden dürfen und man Antworten erhält. Ich weiß doch, wie es sich anfühlt, wenn man statt liebevoller Worte ständig nur zu hören bekommt, dass man nicht richtig oder nicht gut genug ist, wenn alle Träume kleingeredet, alle Ambitionen abgeblockt werden, und das nicht nur von anderen, sondern auch von einem selbst. Noch heute ist die kleine verletzte Hatice ein Teil von mir und erklärt mir von Zeit zu Zeit im Brustton der Überzeugung: Das schaffst du nie. Das kannst du nicht. Du gehörst nicht dazu.

Ich kenne so viele Menschen, denen es so geht. Die meisten von uns waren doch mindestens einmal in ihrem Leben an einem solchen Punkt und wissen, was für ein dunkler, einsamer Ort das ist. Wie wäre es, wenn man ihnen sagen würde: Du schaffst das! Du kannst das! Du gehörst dazu! Du bist in Ordnung, so wie du bist! Erst kürzlich schrieb ein Mädchen in den Kommentaren zu einem meiner Videos, dass sie ein trauriges Silvester vor sich habe, weil ihr Freund sich von ihr getrennt habe, und abgesehen davon, dass ich es unglaublich mutig fand, dass sie ihre Gefühle teilte, war ich überwältigt von der Reaktion meiner Community. Denn nicht nur ich wünschte ihr daraufhin viel Kraft für die Feiertage, sondern auch viele andere schickten ihr bestärkende Nachrichten und gute Wünsche. Das sind die Momente, in denen ich sehe, dass es gelingen kann, dass Menschen, die sich kaum kennen, einander beispringen. In solchen Momenten kommt mir mein Leben vor wie der helle, lichte Raum, den ich mir als junges Mädchen ausmalte, wenn ich mich in das Haus aus Glas träumte. Wenn nur wenige Menschen diese offene Haltung mitnehmen und in ihre Familie, ihren Freundeskreis oder an ihren Arbeitsplatz tragen, dann habe ich erreicht, was ich wollte. Und das habe ich nicht allein geschafft, sondern mit den vielen Menschen da draußen, die Lust hatten und haben, diesen Raum mitzugestalten – junge Frauen, mit und ohne Kopftuch, Studentinnen, die sich durch ihr Studium kämpfen, Mütter, die jeden Tag zu Hause und im Job alles am Laufen und die Familie zusammenhalten, YouTuber und YouTuberinnen, die so mutig sind, sich der Welt zu zeigen, junge Männer, die Lust haben, ihre weibliche Seite zu entdecken, Männer, die Männer lieben, Frauen, die Frauen lieben, Jugendliche, die noch auf der Suche nach ihrem Weg sind …

Wo Licht ist ...

Du bist so hässlich, geh sterben.» – «Fick dich, du Hure.» – «Die müsste man abschlachten und ihre Leiche tief vergraben.» Als ich solche Kommentare das erste Mal las, traf es mich unvorbereitet – es war ein Gefühl, als hätte mir jemand die Faust direkt in den Magen gerammt. Aber ist ja alles nur online, alles halb so wild, das muss man abkönnen, schließlich hat man sich ja für ein Leben in der Öffentlichkeit entschieden. Echt? Bullshit!

Die ersten Hasskommentare bekam ich schon im ersten Jahr, in dem Jahr, in dem ich gerade erst wieder auf die Beine kam. Ich nahm mir jeden einzelnen dieser Kommentare zu Herzen. «Dein Gesicht sieht so scheiße aus.» – «Ich hasse dich einfach, deine ganze Art kotzt mich an.» – «Geh zurück in das Loch, aus dem du gekrochen bist.» Und das obligatorische: «Du bist eine ehrlose Hure.» Sah mein Gesicht wirklich scheiße aus? Hatte ich nichts drauf, war ich eine ehrlose Hure? Solche Kommentare nagten an mir, und zu sagen, dass ich heute, nach über sieben Jahren YouTube und so vielen Hasskommentaren, dass ich sie nicht mehr zählen kann, nur noch mit der Wimper zucken würde, wenn ich eine derartige Beleidigung lese, wäre schlichtweg gelogen.

Um einen schlechten oder gemeinen Kommentar wettzumachen, braucht es ungleich mehr, um den einen wieder wettzumachen. Nun gibt es natürlich Unterschiede zwischen Hasskommentaren und Kritik, und dann wieder zwischen konstruktiver und destruktiver Kritik. Und natürlich zählen Hasskommentare zu der Form von Kommunikation, die man per se nicht ernst nehmen sollte, aber spurlos gehen sie dennoch nicht an einem vorüber. Wenn man allein daran denkt, wie sehr es einen psychisch und physisch mitnimmt, wenn man miterlebt, wie jemand auf offener Straße angepöbelt wird – ich fange dann an, mögliche Reaktionen durchzuspielen, und mein Puls beschleunigt sich –, dann wird deutlich, dass auch ein Hasskommentar, der im Internet abgesetzt wird, nicht einfach so abgetan werden kann.

Ich durchlief verschiedene Stadien im Umgang mit Hate im Internet. Das erste habe ich schon genannt: Verunsicherung. Das zweite war Traurigkeit – darüber, dass jemand überhaupt so etwas schrieb, dass es in dieser Gesellschaft Menschen gibt, die andere verbal attackieren, sich über jemanden erheben, ihn also erniedrigen, um sich für zwei Minuten besser zu fühlen. Es war nicht jeder einzelne Kommentar, der mich runterzog, sondern die schiere Masse, mit der ich es als YouTuberin zu tun bekam. Wenn ich zum tausendsten Mal Dinge las wie: «Solange die den Namen Hatice trägt, bleibt sie nur 'ne türkische Gastarbeiterin», dann konnte ich fast körperlich spüren, wie meine Lust schwand, etwas zu wagen, etwas auszuprobieren, mich in die Welt zu werfen, mich zu zeigen, wie ich war. Das ging sogar so weit, dass ich eine YouTube-Pause einlegte – bei dieser Entscheidung spielten viele Faktoren eine Rolle, aber ausschlaggebend war unter anderem der Wunsch, die Hasskommentare nicht mehr ertragen zu müssen. Es war mir ja nicht fremd, wie es sich anfühlte, kleingehalten zu werden.

In jener Pause machte sich aber auch ein anderes Gefühl in mir breit, und das war Wut. Zum Glück! Denn die Wut machte mich stark, ließ mich wieder aktiv werden. Ich krempelte die Ärmel hoch und ging dazu über, mich zu verteidigen. Ich parierte die Kommentare, wehrte mich, kämpfte. Als mir jemand schrieb: «Du bist doch nur so weit gekommen, weil du einen reichen Mann hast», reagierte ich, und es entspann sich ein destruktiver und völlig sinnloser Schlagabtausch, der im Wesentlichen darin bestand, dass der User mich weiter attackierte und ich mich rechtfertigte. Im Verlauf dieses Schlagabtauschs sprangen mir einige Zuschauer bei, verteidigten mich und heizten die Stimmung dadurch ungewollt nur weiter auf. Wieder andere schalteten sich ein und schlugen sich auf die Seite des Users, und so ging es munter hin und her. Das Ganze entwickelte einen so gewaltigen Sog, dass sich immer mehr Leute daran beteiligten und sich die Situation immer weiter hochschaukelte. Es war wie eine Massenschlägerei in einer Kneipe, die sich über Stunden hinzog, und als Sebastian am Abend von der Arbeit nach Hause kam, lag ich völlig erschöpft auf dem Sofa und war so niedergeschlagen wie lange nicht mehr. Zwar hatte ich mich irgendwann ausgeklinkt und die Kommunikationskarambolage von der Seitenlinie aus verfolgt, doch besser ging es mir damit auch nicht. Sebastian machte das einzig Richtige: Er kochte mir einen Tee und wir gingen früh ins Bett. Am nächsten Morgen und mit dem nötigen Abstand traf ich eine Entscheidung. Die tiefe Erschöpfung, die ich nach einer solchen Auseinandersetzung empfand, war den Streit nicht wert. Ich würde es nicht schaffen, diese Leute zu ändern. Also musste ich etwas anderes tun, ich musste meine Einstellung ändern. Als ich das für mich beschloss, ging ich in ein Stadium über, das ich als No-Bullshit-Stadium bezeichnen möchte; ein Stadium, in dem ich mich übrigens bis heute befinde.

Girlboss

Für mich ist mein Kanal wie ein Haus, das ich gebaut habe. Es ist mein Haus aus Glas, in das die Menschen reinschauen können und durch das ich raus in die Welt schaue. Wer dieses Haus betritt, um mit mir eine Party zu feiern, der muss sich an bestimmte Regeln halten. Das ist mein Hausrecht. Wer meine Gäste oder mich anpöbelt, womöglich noch mein Sofa anpinkelt und mein Leben mit Füßen tritt, der wird rausgeschmissen, den blockiere ich – so gehe ich mit vulgären und charakterlosen Sprüchen um. Damit habe ich das unangenehme Gefühl, den Ärger oder die Aufregung, die dieser Vandalismus in mir ausgelöst hat, aber noch lange nicht aus dem System. Deswegen folgte anfangs noch Schritt zwei: Ich blockierte den Stinker nicht nur, ich legte seine Gemeinheiten zusätzlich in einem Ordner ab. Immer wenn also jemand in mein Haus latschte und sich verbal danebenbenahm, schoss ich rasch ein Foto und freute mich über das neue Exponat, das einging in meine schnell ausufernde Sammlung der dümmsten, fiesesten und ekligsten Sprüche, die man mir in meiner YouTube-Karriere gedrückt hatte.

Heute brauche ich diesen zweiten Schritt nicht mehr. Ich lasse solche Kommentare viel seltener an mich heran. Wahrscheinlich gibt es noch viele andere Möglichkeiten, sich zu schützen. Für mich gilt: Als Hauseigentümerin möchte ich mich in meinen eigenen vier Wänden wohlfühlen, als Gast-geberin wünsche ich mir, dass meine Gäste sich wohlfühlen. Diesen Frieden und diesen Raum verteidige und schütze ich. Übrigens halte ich es so nicht nur auf meinem Kanal, auch im Umgang mit mir selbst verfestigt sich diese Policy immer mehr. Je mehr ich mich kennenlerne, je mehr ich mich in mir selbst auskenne, mich wohlfühle, desto leichter fällt es mir, nein zu sagen und selbstbewusst Grenzen zu setzen, und desto leichter fällt es mir auch, ja zu sagen, mich zu trauen, mir et-was zuzumuten, mich in meinen Wünschen und Bedürfnissen ernst zu nehmen.

Von der Kunst, Erfolge zu feiern

Mitten in der Nacht fuhr ich schweißgebadet aus einem Albtraum auf. Panisch tastete ich nach der glänzenden Armbanduhr auf dem Nachttisch neben mir. Sie lag schwer und kalt in meiner Hand. Erleichtert sank ich zurück in die Kissen, doch an Schlaf war nicht mehr zu denken, also stand ich auf und ging in die Küche, um etwas zu trinken. Seit mehreren Wochen plagte mich dieser immer gleiche Albtraum: Es war dunkel, und da waren Männer, die mich der Uhr wegen verfolgten. Viele Stunden rannte ich vor ihnen davon, war immer kurz davor, von ihnen geschnappt zu werden. Dabei beschäftigte mich die goldene Uhr, die im Halbdunkel auf meinem Nachtschrank lag, schon sehr viel länger.

Schon recht bald brachte mein Kanal etwas Geld ein, mit dem wir die laufenden Kosten für Beauty-Produkte und einen Teil der Haushaltsausgaben deckten. Seit ich bei Mediakraft unter Vertrag war, schalteten wir zähneknirschend Werbung, doch erst ein oder zwei Jahre später, als die Abonnentenzahlen langsam, aber stetig gestiegen waren und die ersten Anfragen großer Kosmetikfirmen für Kooperationen hereinkamen, begriff ich wirklich, dass unser YouTube-Kanal längst nicht mehr das Liebhaberprojekt war, als das wir ihn gestartet hatten. Ich hatte mir gemeinsam mit Sebastian ein kleines Unternehmen aufgebaut, das mittlerweile so viel Gewinn abwarf, dass ich auf die finanzielle Unterstützung meines Mannes nicht mehr angewiesen war. Das war: Wow! Ich hatte lange geglaubt, dass mir dieses Ungleichgewicht in meiner Partnerschaft nichts ausmachte, aber als ich das erste Mal wirklich in der Lage war, mich substanziell an unseren Ausgaben zu beteiligen und Sebastian von meinem selbst verdienten Geld etwas zu schenken, war das ein Boost für mein Selbstbewusstsein. Sebastian hatte nie viel Aufhebens darum gemacht, dass er in unserer Beziehung die finanzielle Hauptlast trug. Dennoch setzte es mich insgeheim unter Druck: Dass es mir schlecht ging, verbarg ich auch deshalb so lange vor ihm, weil ich nicht undankbar erscheinen wollte, schließlich ermöglichte Sebastian mir diese Auszeit und arbeitete für uns beide. Ich schaffte es schließlich trotzdem, mich und meinen Schmerz offen zu zeigen, aber seit ich finanziell von meinem Mann unabhängig bin, hat sich für mich gefühlsmäßig trotzdem etwas verändert. Ich fühle mich in unserer Beziehung freier und selbstbewusster. Insbesondere weil das Thema Geld nicht mehr nur in Sebastians Händen liegt, sondern auch ich Verantwortung für diesen Teil unseres Lebens übernommen habe.

Das war für mich nicht immer leicht. Wer wie ich nie wirklich Geld hatte, der beschäftigt sich auch erst mal nicht damit, wie man Geld gewinnbringend anlegt oder fürs Alter vorsorgt – für mich ging es viele Jahre darum, zu sparen, zu verzichten, Preise zu vergleichen, um am Ende des Monats den Gürtel trotzdem noch mal etwas enger zu schnallen. Geld war immer ein belastendes Thema gewesen und die Hürde, mich eingehender damit zu befassen, dementsprechend hoch. Als ich es schließlich doch tat, trug das maßgeblich zu meinem Selbstwertgefühl bei. Ich kann heute sehr viel besser einschätzen, ob ein Angebot angemessen ist, und es fällt mir nicht mehr so schwer, eine faire Vergütung für meine Arbeit einzufordern, seit ich mich mit meinen Finanzen auseinandergesetzt habe, seit ich festgelegt habe, was ich sparen möchte und wie ich leben möchte, seit ich mich als Unternehmerin wahr- und ernst nehme. With knowledge comes power.

Und an dieser Stelle werde ich vielleicht doch mal etwas deutlicher und teile eine Erfahrung mit euch Ladys da draußen, die ihr gerade dieses Buch lest: Eure Arbeit ist etwas wert, und gerade wenn ihr am Anfang steht, ist sie in 99 Prozent der Fälle mehr wert, als ihr glaubt! Ihr habt es verdient!

Aber genau dieser letzte, scheinbar so simple und einleuchtende Gedanke war mein Problem, als ich das erste Mal so viel Geld verdiente, dass ich mir davon ein paar meiner Träume erfüllen konnte. Womit wir wieder bei der glänzenden Uhr auf meinem Nachttisch wären – die Uhr, die ich vor Jahren in unserer kleinen Wohnung in der Sonnenallee in einer Zeitschrift gesehen hatte und die mein Vater mir damals so gerne geschenkt hätte. Monatelang ging mir der Gedanke im Kopf herum, mir diesen Wunsch zu erfüllen, ehe ich mich traute, ihn auszusprechen. Ich zweifelte: Darf ich so viel Geld ausgeben? Dann war da wieder diese innere Stimme aus der Vergangenheit, die flüsterte: *Du willst zu viel. Das bist du nicht.* Es fühlte sich alles zu einfach an, ich hatte nicht leiden und kämpfen müssen, um dieses Geld zu verdienen, im Gegenteil, ich hatte sogar Spaß gehabt. Mich für etwas belohnen, das mich nicht Blut, Schweiß und Tränen gekostet hatte? Wo kämen wir denn da hin! Als ich endlich mit der Sprache herausrückte und meine Gedanken in Worte fasste, sah mich Sebastian entgeistert an: «Du hast für dieses Geld gearbeitet,

Hatice. Das hat dir doch keiner geschenkt. Jetzt belohn dich doch dafür.»

Ich brauchte noch ein paar Tage, ehe ich mich entschloss, einen Termin bei einem Juwelier in Bielefeld zu vereinbaren. Als mir die Verkäuferin die Uhr dann anlegte, war ich überrascht, wie schwer sie war. Ich hatte bisher nie eine Armbanduhr getragen, hatte mir damals geschworen, so lange damit zu warten, bis ich mir genau dieses Modell leisten konnte. Das Armband war etwas zu groß – es war ein Herrenmodell –, sodass es mir ein Stück über das Handgelenk rutschte und angepasst werden musste, bevor ich die Uhr mit nach Hause nehmen konnte. Als ich sie schließlich abholte, schmiegte sie sich kühl und glänzend um mein Handgelenk – sie passte perfekt. In jenem Moment fühlte es sich richtig und gut an, mir diesen Wunsch zu erfüllen und mit meinem selbstverdienten Geld dafür zu bezahlen. Ich war das gewesen. Ich hatte das geschafft! Und die Uhr stand für alles, was ich dafür getan hatte, umspannte die Wegstrecke, die ich zurückgelegt, und die Veränderungen, die ich erfahren, durchlebt und angestoßen hatte. Das war ein unbeschreiblich gutes Gefühl.

Für ein paar Stunden konnte ich mir diese Uhr und alles, was ich damit verband, zugestehen. Doch dann kam die Nacht und mit der Nacht die Träume, und mit den Träumen kehrten die Zweifel zurück. Das ging so weit, dass ich darüber nachdachte, die Uhr zurückzugeben, um wieder Ruhe zu haben. Sie wurde mir zur Last. Ich erzählte meinen Schwestern von den Sorgen, die mich plagten, davon, dass ich mir Vorwürfe machte, mir eine so teure Uhr gekauft zu haben, obwohl meine Eltern so wenig hatten und mein Vater trotz seines hohen Alters noch immer viele Stunden täglich in seiner Werkstatt schuftete. Mich quälte die Angst, ich würde mit dieser Uhr einen Keil zwischen uns treiben. Dass meine Eltern mich verurteilen würden, weil ich so viel Geld für eine schnöde Uhr ausgab. Dass sie denken würden, ich hätte mich verändert, dass sie mich ablehnen würden. Gleichzeitig verspürte ich den Wunsch, meinem Vater die Uhr zu zeigen, die er mir so gerne geschenkt hätte. Ich wollte ihm zeigen, dass ich jetzt selbst für mich sorgen konnte, aber ich schaffte es nicht, mich zu diesem Schritt durchzuringen.

Meine Schwestern halfen mir jede auf ihre Weise. Hülya redete mir ganz sanft zu: «Papi wird sich für dich freuen, da bin ich mir sicher», während Ceylan einen anderen Ton anschlug. Sie polterte: «Du bist verrückt, natürlich wird er sich freuen, zeig ihm die Uhr!» Und während ich noch mit mir rang, erzählte sie meinem Vater von den Sorgen seiner jüngsten Tochter. Und der rief mich an und platzte heraus, ob ich noch ganz bei Trost sei. Das Herz sank mir in die Hose, doch dann meinte er: «Wenn du uns das nächste Mal in Berlin besuchst, dann bringst du gefälligst diese Uhr mit und zeigst sie deinem alten Vater.» Als es dann so weit war und wir zusammen am Esstisch saßen, sagte er: «Nun zeig sie mir doch endlich!» Ich nahm sie ab, gab sie ihm. Bedächtig wog er sie in der Hand, schob sich die Brille auf die Nasenspitze, hielt die Uhr ein bisschen von sich weg, sah mich über die Brillengläser hinweg an und sagte im Brustton der Überzeugung: «Eine schöne Uhr! Du hast dafür gearbeitet, und ich bin sehr stolz auf dich.» Mein Vater nahm mir an diesem Tag eine schwere Last von den Schultern. Von da an trug ich die Uhr mit Stolz.

Heute erfülle ich mir selbstbewusst meine Wünsche, den Segen meiner Familie und meines Mannes brauche ich dafür nicht mehr. Im letzten Jahr wurde auch endlich ein anderer lang gehegter Traum wahr. Während ich in einem Meeting saß, klingelte mein Handy, und es meldete sich ein Mitarbeiter von Hermès: «Frau Schmidt, Ihre Kelly Bag ist eingetroffen.» Über zwei Jahre hatte ich auf diesen Anruf gewartet, und als ich die Tasche in der Boutique abholte, hegte ich keinerlei Zweifel an meiner Entscheidung.

Ich weiß jetzt, dass ich immer die Tochter meiner Eltern bleiben werde, auch wenn ich mich verändere. Dass ich wachse, ist kein Grund für sie, sich von mir abzuwenden, nein, sie bestärken mich darin. Dass ich selbstbewusst für mich einstehe, erfüllt sie mit Stolz, dass ich mir etwas leisten kann, feiern sie mit mir. Dennoch: Keine Uhr und keine Tasche ist mir mehr wert als das Wissen, dass wir alle so zusammengewachsen sind und ich heute umgeben bin von Menschen, die mich ermutigen, meinen Weg zu gehen.

#teamhatineverstops

2017 war das Jahr, in dem ich mit meinem Kanal richtig durchstartete. Meine Community war mit der Zeit langsam, aber stetig gewachsen, und meine Zuschauer standen untereinander und mit mir in regem Austausch. Das ist etwas, das ich an meiner Community wirklich liebe: dass sie sich vernetzt, dass sich die Menschen gegenseitig helfen und unterstützen, dass wir freundlich miteinander umgehen und so gemeinsam eine offene Atmosphäre schaffen, in der Probleme, Fragen und Kritik, die in einer anderen Umgebung vielleicht unausgesprochen geblieben wären, zur Sprache kommen und gelöst werden können. Für dieses Engagement, diesen Einsatz und Mut bin ich unendlich dankbar. Es gibt wenige Menschen, die sich trauen, sich in ihrer Trauer, ihrer Freude, ihrer Not und ihrer Unsicherheit zu zeigen. Das ist ein Wagnis! Denn wer sich zeigt, der macht sich auch verwundbar und angreifbar. Und das gilt nicht nur für YouTube und für mich, die ich Videos online stelle, in denen ich von sehr persönlichen Dingen berichte oder mich so präsentiere, wie ich mich eben gerade fühle – aufgedreht, erschöpft, traurig, etwas wirr, bester Laune, kritisch, verletzlich, kraftstrotzend, außer Rand und Band, hochnäsig, vergesslich, neugierig, kindisch –, sondern für alle Menschen da draußen.

Wie ich es geschafft habe, meine Angst zu überwinden und

mich trotzdem zu zeigen? Schlicht durchs Tun, durch Übung. Als Kind lernen wir Dinge, indem wir sie tausendfach wiederholen und die Erfahrung machen, dass wir trotz so mancher Rückschläge von Tag zu Tag besser werden. Wenn man den großen Schritt erst mal gewagt hat und sich zeigt, wie man ist, dann wird das Leben so viel reicher, weil sich wie auf wundersame Weise plötzlich überall Türen und damit Möglichkeiten und Abenteuer und Herausforderungen auftun. In dieser Offenheit übe ich mich, weil sie mich von der Seitenlinie des Lebens mitten ins Geschehen katapultiert hat. Es öffneten sich so viele Türen, dass ich kaum hinterherkam, alles wahrzunehmen, was mir da vorgeschlagen und angeboten wurde: Zusammen mit Becca Cosmetics brachte ich meinen eigenen Highlighter heraus, der neben Produkten mit so großen Namen wie Jaclyn Hill, Chrissy Teigen und Khloé Kardashian steht und vielen Frauen und Männern so gut gefallen hat. Wenige Monate später kam dann meine Kollektion bei L.O.V Cosmetics raus, ein Ereignis, das noch einmal alles übertraf. Bis heute gehen fast täglich wunderschöne Bilder bei mir ein, auf denen Frauen und Mädchen mir zeigen, welche tollen Kreationen sie mit meiner Palette gezaubert haben. Dass die Produkte nach all der harten Arbeit so gut geworden sind und so vielen Menschen Freude bereiten, das macht mich stolz. Und jetzt auch noch dieses Buch, das ist alles so großartig!

Nichts davon wäre möglich gewesen ohne all die mutigen Frauen, Männer, Mädchen und Jungs da draußen, die sich auf mich und meine Welt eingelassen haben, die mich herausgefordert und ermutigt haben, die ihre Fragen, Sorgen, Ideen und Vorschläge mit mir geteilt haben. Nichts macht mich stolzer als dieser Raum, den so viele mit mir zusammen gestalten und weiter ausbauen. Genau dafür steht Team Hati never stops! Für mehr Klartext, mehr Zuhören, mehr Teamwork, mehr gemeinsames Anpacken und mehr Positivität – alles Dinge, die wir in Zeiten dieser großen gesellschaftlichen Umwälzungen so dringend brauchen.

Etwas zurückgeben

Als 2015 von einer sogenannten Flüchtlingskrise die Rede war, weil viele Menschen vor dem Krieg in Syrien nach Deutschland flüchteten und die Behörden mit der Unterbringung und der Versorgung der Geflüchteten nicht mehr hinterherkamen, war es an den Menschen in Deutschland, ihnen zu helfen. Unmut machte sich breit. Es kämen zu viele Fremde ins Land, viele besorgte Bürger gingen auf die Straße, um vor einem bevorstehenden Untergang des Abendlandes und einer Islamisierung zu warnen. Die ganze Thematik wurde in unserer Familie heiß diskutiert. Mein Vater war aus anderen Gründen als die Menschen, die heute kamen, nach Deutschland eingewandert, aber wie sie hatten meine Eltern ihrer Heimat den Rücken gekehrt und in der Fremde ganz neu anfangen müssen – ein Schritt, der für niemanden leicht ist, der mit vielen Ängsten, Sorgen und Hoffnungen beladen ist. Wie muss es einem Menschen gehen, der auf der Flucht vor Gewalt, Hunger und Verfolgung in einem anderen Land Schutz sucht und feststellen muss, dass er nicht willkommen ist, mehr noch, dass er als Eindringling wahrgenommen wird? Meine Eltern haben mir beigebracht, Menschen mit Respekt zu begegnen, Haltung zu zeigen und mit denen zu teilen, die weniger haben als ich. Selbst als es unserer Familie finanziell schlecht ging, war mein Vater nie knauserig. Jeder Gast wurde bewirtet, als gehörte er zur Familie, wer nach Hilfe fragte, dem wurde sie zuteil, für wen die Reparatur des liegen gebliebenen Wagens mal zu teuer war, dem wurde Aufschub oder Rabatt gewährt.

Als die Hilfsbereitschaft einiger weniger also gegen Ende 2015 merklich abkühlte und dringend helfende Hände gesucht wurden, war für mich klar, dass ich mich engagieren wollte. Auch in Bielefeld kamen damals viele Menschen auf der Suche nach einer Zuflucht an und wurden in Flüchtlings- und Asylheimen untergebracht, wo es oft sehr beengt ist. Gerade für die Kleinsten, die häufig traumatisiert aus den Krisengebieten kamen, war das eine hohe Belastung. Wie so viele Bielefelder Bürger packte auch ich mit an, ging mehrfach in ein nahegelegenes Flüchtlingsheim, wo ich mit den Kindern spielte, mit ihnen malte und mich um sie kümmerte, damit die Eltern sich von den Strapazen erholen oder sich um die Formalitäten bei der Ankunft kümmern konnten. Auch hier bin ich der Ansicht: Jede noch so kleine Geste zählt, kann Türen und Herzen öffnen. Wir müssen miteinander reden, anders geht es nicht!

Das war auch der Gedanke, der hinter meiner Zusammenarbeit mit der Bundeszentrale für politische Bildung stand – ein Projekt, für das ich durch ganz Deutschland und bis nach Malta reiste, um mich mit Experten über den Islam zu unterhalten und in einen konstruktiven Dialog über eine Religion zu treten, die in unserer Gesellschaft vermehrt verzerrt dargestellt wird und immer häufiger unter Generalverdacht steht. Die Videos richteten sich aber nicht nur an Menschen, die kaum Berührungspunkte mit dem islamischen Glauben hatten, auch mir als Muslimin brannten damals viele Fragen unter den Nägeln, die ich mir auf meiner Reise beantworten wollte: Was ist Salafismus? Was ist die Scharia? Was hat islamische Geschichte mit mir zu tun? Wer entscheidet darüber, ob ich ungläubig bin oder nicht? Die Arbeit mit der bpb hat mich bereichert, und viele Zuschauer waren dankbar, dass ich mich auf diese Weise mit dem Glauben auseinandersetzte. Diese Erfahrung bestärkte mich darin, mich weiter für einen Dialog einzusetzen.

2016 fragten mich dann die Datteltäter, ob ich Lust hätte, in einem ihrer Videos syrisches Essen zu probieren. Die Idee auch dahinter: Berührungsängste abbauen, Gemeinsamkeiten aufzeigen, neugierig auf das Neue zugehen und ein Zeichen des Willkommens setzen. Ich sagte sofort zu. Das tat ich auch, als Prof. Dr. Bekim Agai mich bat, seine Petition zu unterstützen, mit der er auf die verdeckten und offenen Ressentiments der AfD gegen Musliminnen und Muslime aufmerksam machen wollte und dazu aufrief, sich gemeinsam für die Grundrechte aller einzusetzen.

Ich sehe das so: Wir müssen reden, und wir müssen handeln. Jeder kann im Kleinen, in seinem Umfeld und nach seinen Möglichkeiten Veränderungen herbeiführen, kann Trost spenden, einen Teil seiner Zeit dafür aufwenden, sich zu engagieren, und damit ein Licht in die Welt tragen, und sei es nur, dass man einem Obdachlosen etwas zu essen gibt, ein liebes Wort für seine Mitmenschen übrig hat oder Haltung zeigt. Es liegt an jedem Einzelnen von uns. Wir alle können mit offenen Ohren und Augen etwas dazu beitragen, dass unsere Gesellschaft nicht auseinanderdriftet, dass die Gräben kleiner werden und Europa weiterhin für Offenheit und gelebte Vielfalt steht. Es sind die kleinen Gesten, die am Ende den Ausschlag geben, wohin wir uns bewegen.

Wenn der Körper dir sagt, was die Seele braucht

Innerhalb kürzester Zeit hatte sich mein Leben radikal gewandelt: Ich hatte meine Familie und meine Heimatstadt verlassen, meinen Beruf aufgegeben und ein mittlerweile florierendes Unternehmen gegründet, ich reiste viel, fuhr zu Meetings in Deutschland, Europa und den USA, und wenn ich abends nach Hause oder zurück ins Hotel kam, dann war noch längst nicht Schluss: Es galt, sich Gedanken für die beiden Videos zu machen, die ich bis heute wöchentlich poste, selbst konzipiere und schneide. Es konnte vorkommen, dass ich mich an einem Tag um 6 Uhr morgens in Bielefeld von Sebastian verabschiedete, in ein Taxi sprang, das mich zum Bahnhof brachte, wo ich gerade noch den Zug zum Frankfurter Flughafen erwischte. Dort bestieg ich einen Flieger nach New York, wo ich für zwei Tage an Meetings teilnahm, mich auf Messen mit potenziellen Kunden traf und abends müde ins Bett fiel, um fünf Stunden später wieder aufzustehen, weil ich den Flieger nach Mailand erwischen musste, wo schon die nächste Herausforderung auf mich wartete. Zeit für private Reisen, Zweisamkeit, Sport oder einfach mal einen Tag Erholung war nur noch selten drin – eigentlich nie, und ich nahm sie mir auch nicht.

Es war etwa 2017, als mein Körper anfing, zu rebellieren. Ich hatte schon länger Symptome, hatte häufiger Darmbeschwerden, Probleme mit der Haut, dann wieder kämpfte ich mit tiefsitzender Müdigkeit oder mit Konzentrationsschwierigkeiten. Ich nahm das alles nicht so ernst: Darmprobleme? Das kam eben vor, regelte sich schon von alleine. Doch so war es nicht. Mit der Zeit und vor allem mit zunehmender Arbeitsbelastung verschlimmerten sich die Symptome. Nach einem Jahr voller Termine, neuer Jobs und Reisen rund um den Globus zog mein Körper dann die Reißleine.

Ich hatte wohl gemerkt, dass mir die Arbeit nicht mehr ganz so viel Freude bereitete, dass es mir schwerer fiel, gelassen auf Hasskommentare und Kritik zu reagieren, dass mir oft die Zeit und die Energie fehlten, mir neue Video-Konzepte auszudenken, aber ich hatte diese Zeichen erfolgreich ignoriert und war wieder in die Falle getappt, mich zu überfordern und zu leisten, leisten, leisten, es ja allen recht zu machen, statt auf mich und meine Bedürfnisse zu achten. Eines Morgens wachte ich auf und schaffte es kaum noch bis zur Toilette: Durchfall. Dazu gesellte sich Übelkeit, die sich bis zum Erbrechen steigerte. Den ganzen Tag über fühlte ich mich müde und abgeschlafft, hatte Schwierigkeiten, mich zu konzentrieren, obwohl ich die Nacht über meine übliche Stundenzahl geschlafen hatte. Dazu kamen die Sorgen: Was war nur los mit mir? Das war doch nicht mehr normal. War es etwas Schlimmes? Wie sollte ich damit umgehen? Außerdem hatte ich Angst davor, wieder in ein Loch zu fallen und meinen Ansprüchen und denen der Community nicht mehr gerecht werden zu können. Aus Spaß war unbemerkt Ernst geworden.

Manchmal musste ich mich mehrmals am Tag hinlegen, weil ich die Augen nicht mehr offen halten konnte, und trotzdem war ich pünktlich um 22 Uhr wieder müde und ging schlafen. Den Tag über hatte ich zwar keinen Durchfall, aber einen stark geblähten Bauch und morgens diese schlimme Übelkeit. Was sich anschloss, war eine Odyssee durch die Welt der Medizin: Besuche beim Hausarzt, der einen Reizdarm diagnostizierte, dann der Weg zum Gastroenterologen, als die Therapie keine Besserung brachte. Darmspiegelung und oder Verdacht auf Histaminintoleranz. Wenig später die Einsicht, dass es das auch nicht war, und der erste Besuch bei einem Privatarzt, der eine Verdickung der Gallenwand diagnostizierte – das müsse man beobachten, aber immer noch: keine Besserung. Ich war fix und fertig. Irgendwann kam ich an einen Punkt, an dem ich so erschöpft war, dass ich mich in unserer Wohnung auf den Boden sinken ließ und aus lauter Verzweiflung weinte. Wie hatte es so weit kommen können, dass ich die Freude an etwas verlor, das ich mit so viel Leichtigkeit gestartet hatte? Ich musste etwas ändern. Aber was? Die einfache und doch so schwierige Antwort lautete: mich.

Ich habe die Tendenz, es allen recht machen zu wollen, alles wahrzunehmen, im Eifer des Gefechts ja zu sagen, um bloß nichts zu verpassen. Was ich in meiner Beziehung schon gelernt hatte, das musste ich jetzt auch im Beruf lernen, und zwar auf die harte Tour. Ich hatte mich schlicht übernommen, hatte die Zeichen, die mein Körper mir gesandt hatte, nicht beachtet oder abgetan, und jetzt blieb ihm nichts anderes mehr übrig, als deutlicher zu werden, was sich in den beschriebenen Darmproblemen, dem Hautausschlag, Haarausfall und Müdigkeit äußerte.

Es dauerte eine Weile, bis ich meinen Körper verstand. Anfangs konnte ich die Symptome nicht zueinander in Beziehung setzen, hatte sogar das Gefühl, mein Körper würde mich gerade in dem Moment, in dem es so gut lief, im Stich lassen, ja verraten. Aber heute mit dem nötigen Abstand muss ich mir eingestehen, dass ich ihn ignoriert hatte: Ich hatte zu wenig geschlafen, ich hatte nicht mehr ausgewogen gegessen, und Sport hatte ich schon lange nicht mehr gemacht. Hinzu kam, dass ich körperlich nicht mehr so gefordert war wie noch als Krankenschwester. Dafür war ich mehr als fünf Stunden am Tag online, saß stundenlang am Computer, um meine Filme zu schneiden und zu recherchieren, saß in Taxis, Zügen, Flugzeugen, und in den wenigen Minuten zwischen zwei Meetings aß ich im Stehen eine Kleinigkeit oder einfach gar nichts. Statt all dem Rechnung zu tragen, hatte ich einfach so weitergemacht wie bisher. Statt in meinen Körper hineinzuhorchen, mich erst einmal kritisch zu fragen, was sich in meinem Leben verändert hatte, suchte ich in meiner Verzweiflung einen Arzt nach dem anderen auf, die meist wenig Zeit für mich hatten und deshalb wenig über die Ursachen all meiner Symptome in Erfahrung brachten. Erst als ich mich ehrlich mit mir selbst und meiner Situation auseinandersetzte und mir schließlich einen Arzt suchte, der mich nicht innerhalb von fünf Minuten abwimmelte, sondern sich in Ruhe meine Sammlung von widerstreitenden Befunden und Laboranalysen ansah, besserte sich meine Situation. Es stellte sich heraus, dass mein Darm durch eine lange zurückliegende Infektion so geschwächt war, dass ich ihn erst mal wieder aufpäppeln musste. Es stellte sich außerdem heraus, dass ich mit meiner Lebensweise dazu beigetragen hatte, dass es überhaupt so weit gekommen war.

Auch auf die Gefahr hin, mich zu wiederholen: Nichts hat mir in dieser Zeit so sehr geholfen, wie selbst aktiv zu werden und Verantwortung für mein Leben, für meinen Körper zu übernehmen. Ich bin es, die eine Veränderung herbeiführen muss und das auch kann. Raus aus der Ohnmacht, rein ins Tun! Wenn ich etwas möchte – ob es nun Rat und Hilfe, eine Entschuldigung oder nur das letzte Stückchen Kuchen ist –, dann liegt es in meiner Verantwortung, den Mund aufzumachen und das zu äußern. Es gibt ein Zitat von Madonna, das es auf den Punkt bringt: «Viele Menschen sagen nicht, was sie wollen, und so bekommen sie auch nicht, was sie wollen.» So einfach kann das sein. Natürlich ist nicht garantiert, dass man immer alles bekommt, was man will, nur weil man darum bittet. Wenn man aber von vornherein nicht fragt, sich nicht für die eigenen Bedürfnisse einsetzt, sei es nun, weil man glaubt, kein Recht dazu zu haben, oder weil man schüchtern ist oder Angst vor Ablehnung hat, ist auch gleich von vornherein klar, dass sich nichts verändern wird – nada, niente, hiçbir şey. Wer fragt, Dinge einfordert, sich zeigt, mit den Armen winkt und auf und ab springt, dem wird eher geholfen als jemandem, der stumm in der Ecke steht.

Das beste Beispiel dafür waren die Reaktionen auf das Video, das ich 2017 zu meiner Erkrankung postete. Ich war mir erst gar nicht sicher, ob ich es veröffentlichen sollte, aber viele Leute fragten mich nach meiner Gesundheit, weil man mir in den Videos anmerkte, dass es mir nicht gut ging. Im Nachhinein erwies es sich als die richtige Entscheidung. So viele Menschen fühlten sich durch das Video angesprochen, hatten mit ähnlichen Problemen zu kämpfen und blickten selbst auf eine lange Krankheitsgeschichte zurück. Viele waren dankbar oder erleichtert, dass ich so offen über dieses schambehaftete Thema sprach und sie nicht alleine mit ihren Sorgen waren, und teilten nach dieser Offenbarung freigiebig ihre Erfahrungen, die sie über die Jahre mit sich und ihrer Krankheit gesammelt hatten. Und das half nicht nur mir, sondern auch vielen anderen Zuschauern: Kommunikation ist der Schlüssel zu jeder Tür, daran glaube ich mittlerweile felsenfest.

Heute habe ich nur noch selten Beschwerden. Bis ich mich wirklich besser fühlte, habe ich viel ausprobiert. Es war eine Schleife von der Schulmedizin über eine Heilpraktikerin, einen Allergologen hin zu einer Gynäkologin, zur Mora-Therapie und wieder zurück zum Gastroenterologen und zur Schulmedizin. Ich habe auf Essen verzichtet, auf verschiedene Weizenformen, auf Milchprodukte, habe Nahrungsergänzungsmittel genommen, Tests ohne Ende gemacht und habe meinen Körper wie nebenbei auf diesem Weg immer besser verstehen gelernt, habe begriffen, was ihm fehlte, was er brauchte und wie ich ihm das geben konnte. Im Moment saniere ich meinen Darm unter der Anleitung eines Darmspezialisten, habe wieder angefangen, Sport zu machen – tschakka! –, der nächste Urlaub mit der Freundin ist schon gebucht, und ich sage öfter nein: Nein, das Projekt ist toll, und ich würde es gerne machen, aber es wird mir zu viel. Wie wäre es, wenn wir zu einem anderen Zeitpunkt zusammenfinden würden? Oder: Nein, ich werde das Video nicht mehr um 1 Uhr nachts schneiden, obwohl meine Zuschauer darauf bauen, dass es um Punkt 17 Uhr online geht, aber ich werde es morgen früh machen und später posten. Ich kommuniziere meine Erschöpfung und stehe dazu, und es schlägt mir weit mehr Verständnis als Ablehnung entgegen. Ich habe erkannt, dass meine Arbeit, meine Zeit kostbar ist. Es geht mir besser, weil ich angefangen habe, mich und meinen Körper ernst zu nehmen.

Neue Träume

Es ist Mai geworden. Ich sitze in einem Café in Istanbul. Vor mir liegt das Manuskript, in das ich die letzten Änderungen eingearbeitet habe, die Sonne scheint mir warm ins Gesicht, ich habe einen weiten Blick auf das Goldene Horn. Auf dem Wasser herrscht reges Treiben – die Fähren schippern geschäftig hin und her und verbinden den asiatischen mit dem europäischen Teil der Stadt, Möwen segeln über die Bucht, und leise plätschernd schlagen die Wellen an die Mole. Ein paar streunende Katzen streichen mir um die Beine, warten darauf, dass etwas für sie abfällt. Nach den ersten arbeitsamen Monaten des Jahres genieße ich diesen friedlichen Moment.

Den Blick für dieses Buch noch einmal in die Vergangenheit und nach innen zu wenden, hat viele Dinge zurückgebracht, viele Gefühle aufwallen lassen. Jetzt, in diesem Moment, bin ich dankbar, dass ich alles erreicht habe, was ich mir erträumte: Ich bin eine unabhängige, selbständige Frau – es fühlt sich seltsam an, das aufzuschreiben, aber so ist es. Ich kann mein Leben so gestalten, wie ich es für richtig halte. An den meisten Tagen habe ich Vertrauen in mich und in meine Fähigkeiten. Wenn ich zurückblicke, dann sehe ich, dass all die Entscheidungen und Erfahrungen der Vergangenheit mich dahin geführt haben, wo ich heute stehe. Ich bin zäh, ich kann kämpfen. Ich weiß, woher ich komme und dass ich auf meinem Weg nicht alleine bin. Ich habe eine Familie, die immer für mich da ist, einen Mann, der mein Freund, Vertrauter, Partner in Crime und meine große Liebe ist, mittlerweile auch einige wenige Freunde, denen ich mein Vertrauen geschenkt habe, und dazu eine große Community, ohne die das alles gar nicht denkbar gewesen wäre.

Gestern Nacht hatte ich nach langer Zeit wieder diesen Traum: Ich schwamm durch glasklares Wasser, begleitet von unzähligen Fischen, die in allen Farben schimmerten. Ich war wie schwerelos, alles war in Bewegung, alles im Fluss, ich ließ mich treiben, sah mich um und war zufrieden.

Wenn ich den Blick nach vorne richte, weiß ich, dass ich mich auch in Zukunft jeden Tag aufs Neue auf den Weg zu mir selbst begeben werde. Es werden neue Herausforderungen auftauchen, neue Träume treiben mich schon jetzt an: Meine Eltern werden älter, und ich möchte dafür sorgen, dass es ihnen auch im Alter gut geht, dass sie sich ausruhen und ihren Lebensabend genießen können. Für mich wünsche ich mir vor allem Zeit. Zeit, um zu reisen, die Welt jeden Tag mit neuen Augen zu sehen, Zeit, die ich mit meinen Liebsten verbringe, Zeit, um all die Dinge auszuprobieren und auf die Beine zu stellen, die ich noch erreichen möchte.

Ein sanfter Wind kommt auf, ich streiche der kleinen weißen Katze unter dem Tisch über den Kopf, sie schnurrt. Draußen auf dem Platz pulsiert das Leben, und ich beschließe, wieder aufzubrechen, mich hineinzustürzen in das Getümmel. Sosehr ich die Ruhe auch genieße – ich kann noch immer nicht genug bekommen von diesem seltsamen Leben.

Dank

Ich war noch nie ein Mensch der großen Worte. Dennoch möchte ich zum Schluss noch ein paar Dinge schreiben. Ich danke Gott für das Leben, das er mir geschenkt hat. Ich danke meinen Eltern, die stets versucht haben, uns Kindern ein gutes Leben zu ermöglichen. Ihr konntet mir vielleicht nicht bei den Schularbeiten helfen, aber ihr habt mir trotz der schwierigen Bedingungen so viel Menschlichkeit mit auf den Weg gegeben.

An meinen Ehemann Sebastian – Liebe meines Lebens, mein bester Freund, mein Seelenverwandter. Wer hätte gedacht, dass ein Foto den Lauf unseres Schicksals so sehr beeinflussen würde. Ich weiß, dass Gott mir dich geschickt hat. Ich danke dir! Dafür, dass du von Tag eins an mich geglaubt hast. Dass du mich in allem unterstützt hast. Du verblüffst mich jeden Tag. Ich danke Gott dafür, dass ich mein Leben an deiner Seite verbringen darf. In ewiger Liebe, deine Hatice

Mein Dank gilt auch meinen Geschwistern, ihr seid immer an meiner Seite. Euer Glaube an mich, dass ihr stolz auf mich seid, baut mich auf, macht mich stark. Ich hoffe, dass ich euch auch ein bisschen was zurückgeben kann.

Liebste Seren, in dir habe ich wahrhaftig eine gute Freundin gefunden. Ich danke dir, dass du immer ein offenes Ohr für mich hast, mit mir lachst und weinst. Mit dir kann ich meine Freude und mein Leid teilen. Wenn ich wieder in ein Loch falle, bist du es, die mir in den Hintern tritt. Wenn ich für einen Moment den Glauben an mich verliere, führst du mir vor Augen, was ich alles erreicht habe. Dann grinsen wir, und ich stehe wieder auf. Ich hoffe, dass auch ich dir dieser Mensch sein kann.

#teamhatineverstops – Ihr seid für mich nicht nur eine Community. Ihr seid großartige Menschen, die mit mir diesen Weg gehen. Ich bin euch auf ewig dankbar für eure Stärke, eure Loyalität und für eure Herzensgüte. Ich wünsche euch, dass sich alle eure Träume und Wünsche erfüllen. Ihr habt es verdient.

Liebe Antje, auch dir möchte ich danken. Dafür, dass du dich für meine Geschichte interessiert hast, die du mit so viel Respekt behandelt hast. Du bist eine großartige Autorin, und ich wünsche dir von Herzen das Beste.

Ich danke euch allen für euren Support! Ihr ahnt nicht, wie viel ihr mir bedeutet.

In Liebe und Dankbarkeit

eure Hatice

Das für dieses Buch verwendete Papier ist FSC®-zertifiziert.